Todo sobre mi madre

TODO SOBRE MI MADRE

Banda sonora original de
ALBERTO IGLESIAS

Un film de ALMODÓVAR

Todo sobre mi madre

Pedro Almodóvar

Estudio crítico de
Silvia Colmenero Salgado

Ediciones Paidós
Barcelona Buenos Aires México

Fotografías: El Deseo, S. A.

Colección dirigida por:
José Luis Fecé y Vicente Sánchez-Biosca

Diseño: Mario Eskenazi y Diego Feijóo

© 2001 de todas las ediciones en castellano
Ediciones Paidós Ibérica, S. A.,
Mariano Cubí, 92 -
08021 Barcelona
y Editorial Paidós, SAICF,
Defensa, 599 - Buenos Aires
http://www.paidos.com

ISBN: 84-493-1094-6
Depósito legal: B-29.509/2001
Impreso en Gràfiques 92, S.A.;
Av. Can Sucarrats, 91 - 08191
Rubí (Barcelona)

Impreso en España -
Printed in Spain

Paidós Películas

A mi madre

Agradecimientos

Muchas gracias a Santos, a Mingo, a Carmencita y a Imanol por sus sugerencias, apoyo y ayuda en la redacción del libro y durante todos estos años. Sin vosotros este libro hoy no existiría. Gracias por lo que he aprendido a vuestro lado.

Mi agradecimiento a Paz Sufrategui y a la productora El Deseo por todas las facilidades que me han dado y por la cesión del material gráfico. Y gracias a vosotras, las mujeres que no dejáis de luchar.

Sumario

Introducción

Pedro Almodóvar tuvo claro desde muy pronto que quería dedicarse al mundo del cine; desde que coleccionaba cromos de actores y actrices supo que su futuro estaba en la dirección. En los setenta dedicó gran parte del tiempo libre que su trabajo le dejaba a rodar cortos y explorar un mundo tan fascinante como el cinematográfico. No sería hasta principios de los ochenta cuando lograría rodar su primer largometraje, *Pepi, Luci, Bom y otras chicas del montón*, con el que consiguió meterse de lleno en el universo que marcaría el resto de su vida.

Desde entonces hasta ahora ha pasado mucho tiempo, y poco a poco hemos podido ir comprendiendo lo que antes tan sólo intuíamos. La capacidad de observación de Almodóvar, de introducción certera en el mundo femenino, de dibujo de un universo particular y fascinador, son hoy bazas seguras en su filmografía. Su última película ha acabado de confirmar lo que ya veníamos sabiendo, que estamos ante uno de los grandes directores del cine español. *Todo sobre mi madre* ha superado las reticencias que algunos aún conservaban sobre su obra y le ha encumbrado: más de veinte premios, incluido el Oscar, excelentes críticas en todo el mundo, el respaldo del público... Todo lo ha conseguido con su película. Por eso este libro está, ante todo, dedicado a Pedro Almodóvar.

Un tranvía llamado DESEO

La obra y su contexto

A pesar de que este libro no pretende ser un estudio sobre la obra de un director o sobre su persona, y de que este apartado debe fundamentarse en el análisis del contexto que rodea la creación de su última película, considero fundamental rastrear brevemente tanto en la vida como en la filmografía de Almodóvar para considerar en qué medida ambas han influido en *Todo sobre mi madre*. En vista de que el filme es un homenaje a su propia madre, y de que el autor hace continuas alusiones a su infancia para justificar elementos funcionales del mismo, un estudio de dichos acontecimientos de su niñez es más que necesario para clarificar diversos aspectos. Por otro lado, la repetición constante de motivos y elementos recurrentes en sus películas, maximizados en la que nos ocupa, obliga igualmente a una pequeña descripción de su filmografía y de las implicaciones de sus películas en *Todo sobre mi madre*. Esto se hará con más detalle en el análisis del propio filme, pero resulta vital al menos ir ofreciendo ya una ojeada a sus películas y características básicas para adentrarnos con mayor rigor en dicho análisis.

Desde el patio a la movida

Calzada de Calatrava era un nombre poco conocido antes de que *Todo sobre mi madre* comenzara a cosechar éxitos. En España casi todo el mundo sabía quién era Pedro Almodóvar, pero sólo después del enorme triunfo de su última película Calzada de Calatrava quedó ubicado como el pueblo que le vio nacer el 25 de septiembre de 1951. La situación vivida en el país durante su infancia determinará su forma de hacer cine y de ver la vida.

Pedro Almodóvar y su familia vivieron durante ocho años en Calzada de Calatrava, trabajando en las labores del campo. Este ambiente rural, unido a la compañía de las mujeres, su madre y sus dos hermanas, le convierten en un ser observador, que escucha las conversaciones de los patios de vecinas intentando extraer el máximo jugo de sus vivencias. Gran parte de su inspiración y de su comprensión del mundo femenino vendrá precisamente de ahí: «Contra ese machismo manchego que yo recuerdo (tal vez agigantado) de mi niñez, las mujeres fingían, mentían, ocultaban, y de ese modo permitían que la vida fluyera y se desarrollara, sin que los hombres se enteraran ni la obstruyeran. Además de vital era espectacular. El primer espectáculo que vi fue el de varias mujeres hablando en los patios» (*Pressbook*). Precisamente la mentira, esa fina barrera que separa la realidad de la ficción y la capacidad innata de mentir que poseen las mujeres pretendía ser la idea inicial de *Todo sobre mi madre*, idea que quedaría en un plano secundario ante el tema que emergerá en el epicentro del filme: el de la maternidad herida.

Según palabras del director, La Mancha es un lugar árido lleno de silencios, de palabras que se callan, de puritanismos y convencionalismos, de gente ruda y dura. De ahí que los carnavales se vivieran como el único momento de respiro, la catarsis necesaria. Él recuerda cómo su madre y sus amigas se disfrazaban y gastaban bromas, gritaban y reían con un desenfreno que a él le producía un cierto temor; era como ver todos los instintos sueltos por unos días, era la válvula de escape de unas ansias tanto tiempo reprimidas. Almodóvar debió decidir muy pronto que él no quería sentir tal represión toda su vida y que su camino debía ser mucho más contestatario y libre, tal como muestran sus películas, sobre todo las primeras, aún rodadas en un ambiente de miedo y autocensura. Él mismo ha afirmado en varias ocasiones que lo que menos le gustaba del pueblo era precisamente esa atmósfera opresiva y represora en la que no se permitían ni los más mínimos placeres. Incluso a sus hermanas, cuando intentaban colocarse algunos adornos o flores en el pelo se los arrancaban, un espectáculo tan lorquiano como frustrante que determinaría su rebeldía y su afán renovador. «La vida en sí misma no necesita vigilantes», ella va a pasar sus propias facturas, por eso Almodóvar decide abogar por la tolerancia y el fin de las limitaciones.

El padre de Pedro Almodóvar nunca llegó a conocer las películas de su hijo ni el éxito de su obra, ya que falleció poco antes de que se estrenase *Pepi, Luci, Bom y otras chicas del montón*. Él fue uno de los últimos arrieros de La Mancha, aunque terminó como enólogo. De ahí que por su casa pasasen todo tipo de animales, desde burros o conejos hasta gallinas y patos, animales que siempre estarán presentes en la obra del director. Incluso en sus filmes más urbanos y con mayor predominio de los interiores como *Mujeres al borde de un ataque de nervios*, donde la acción transcurre sobre todo en un apartamento de lujo, las gallinas forman parte de ese corral-terraza. Su sueño de ver a su hijo asentado, con un futuro seguro en su trabajo en Telefónica, se vio truncado por la vocación del director, que le llevó a otro futuro mucho más prometedor.

19

En Cáceres, lugar al que emigra Pedro Almodóvar cuando tenía ocho años, continúa absorbiendo todos los acontecimientos del entorno, aprendiendo de su madre. Ella quiso transformarle en una especie de maestro en aquella aldea casi analfabeta, donde él se dedicaba a dar clase a muchachos por las noches. Aquella incultura también llevó a su madre a convertirse en una lectora de cartas muy al estilo de *Estación central de Brasil* (Central do Brasil, 1998). El don de improvisar, de fingir con absoluta naturalidad de su madre le fue revelado a Pedro en aquellas visitas a las vecinas con intención de leerles las cartas. Él la acompañaba para escuchar embelesado cómo su madre medio leía y medio inventaba lo que contenían esas cartas, cómo era capaz de conocer las necesidades de sus vecinos y perfeccionar las palabras de esas cartas para que sus receptoras escucharan lo que realmente querían escuchar. Recuerdos y preguntas que no existían se convertían en sonrisas y complacencia en el rostro de quien las esperaba. Esto le dio a Almodóvar claves sobre la relación entre ficción y realidad. La ficción «actúa muchas veces como unificadora de esa realidad, rellena los huecos que ésta deja y que necesitan ser completados porque la una sin la otra no pueden existir» (ALMODÓVAR, *El País*, febrero de 2000). En esta época recibirá educación en un colegio religioso, lo que sin duda, y unido a las costumbres del ambiente rural de la época, conformará su interés por lo religioso, no tanto por la religión en sí, sino por esa carga estética que conlleva cierta iconografía religiosa. Esta iconografía —entre *kitsch*, hortera y fascinante— impregnará gran parte de sus películas como un elemento inseparable de la decoración.

A los dieciséis años decide instalarse en Madrid sin su familia con la idea de hacer cine, aunque aún le queda un largo camino por recorrer. La Escuela Oficial de Cine, que se había convertido en una de las pocas posibilidades que les quedaban a los jóvenes con inquietudes cinematográficas de poder acceder al conocimiento de ese mundo, acababa de ser clausurada por Franco. De ahí que Almodóvar, al igual que muchos otros, tuviera que optar por el autodidactismo para poder introducirse en un mundo que le atraía y del que aprendió todo a base, primero, de ver mucho cine y, en segundo lugar, de sus experimentos con sus propias películas. La falta de rigor técnico de que se le acusaba en sus primeros filmes no era más que la respuesta a esta inquietud por el conocimiento del medio, pero sus toques brillantes ya aparecían desde un principio. Varios trabajos esporádicos y finalmente la consecución de una plaza en la Compañía Telefónica, donde permanece doce años como auxiliar administrativo, le dan la libertad económica para dedicar sus ratos libres a lo que realmente le apasiona: el cine.

En Madrid Almodóvar se encuentra con toda la libertad y la riqueza cultural y de ambientes que hasta entonces le había sido vedada en su pueblo. Su llegada a Madrid coincide casi de lleno con el estallido revolucionario del Mayo francés del sesenta y ocho que, como movimiento político-cultural influyó en toda la sociedad de la época en cuanto a la liberación del individuo y la lucha contra los sistemas opresivos y dictatoriales. A esto se unió el movimiento *hippie* —gran abanderado de las libertades individuales y la transgresión de las normas en su forma más pacífica, la revolución de las flores—, y que dejó ver su influencia en España pese a los afanes bloqueadores que se dieron. La Escuela de Barcelona, ubicada en la que se consideraba la ciudad más europea y cosmopolita del país, supuso un paso en el avance y liberación del cine español.

En esta época, Almodóvar se adentraba poco a poco en el mundo del cine por puertas adyacentes e iba adquiriendo los conocimientos necesarios para comenzar su andadura en solitario. Colaboró como extra, tanto en cine como en teatro; formó parte del grupo teatral Los Goliardos (un amor al teatro que queda patente en *Todo sobre mi madre*), escribió fotonovelas y empezó a rodar sus primeros cortos en super 8. Su interés por las fotonovelas y el cómic femenino le inspiran el personaje de Patty Diphusa. Con Fabio MacNamara compuso numerosas letras y canciones que le llevaron a cantar junto a artistas luego consagrados, como Alaska y Los Pegamoides, y lo que es más importante, le permitieron irse introduciendo en el mundillo artístico y conocer a multitud de seres con los que poblaría sus películas. Este movimiento surgido en la capital fue conocido como la *movida madrileña*, término que hacía referencia al ambiente que se vivía en esta ciudad. Se trataba de un ansiado tipo de renacimiento artístico español en un lugar donde confluyeron gran cantidad de artistas y pseudoartistas que, a modo de generación, preconizaban el nacimiento de un estilo nuevo y transgresor. De la mano de la *movida*, España comenzaba a ser conocida en el extranjero por algo más que los toros, e incluso se la asociaba con el concepto de posmodernidad.

21

El término *posmoderno* ha suscitado bastantes debates y discusiones, y no existe una definición inequívoca y clara del mismo. La posmodernidad ha sido definida de numerosas formas por los teóricos a lo largo del tiempo. Desde Habermas, que la consideraba fruto de una crisis radical de los valores, hasta sus implicaciones discursivas en la crisis de los metarrelatos que defendía Lyotard, el posmodernismo ha supuesto una crisis drástica tanto del sistema de valores imperante como de la narración entendida según los postulados de este último. En definitiva, la posmodernidad es una crisis del mito, entendiendo éste como la medida de racionalidad que permite hacer legible lo real. En cine esta desaparición se fundamentaría en un cine referencial como modelo a seguir y en la relativización de los patrones morales e ideológicos.

Si consideramos, por tanto, la posmodernidad como la ausencia del mito, del modelo referencial, no se puede afirmar que Pedro Almodóvar sea plenamente posmoderno. Es cierto que sus filmes contienen un elemento posmoderno en el sentido de su rupturismo y de cierto feísmo, más intenso en los inicios, pero éste se refiere precisamente al cuestionamiento del mito y no a su negación absoluta. Lo paradójico, y rico a la vez, en su obra es que él parte del mito mismo y de las tradiciones en él instauradas para replantearse, no su existencia en cuanto tal, sino la pertinencia de su reelaboración. Además, su cuidado estilo y su estética se oponen a la noción feísta que se hace patente en sus primeras obras.

Alejandro Varderi atribuye a Almodóvar un posmodernismo característico en sus inicios como cineasta, en su opinión más por necesidad que por otras razones. El experimentalismo se habría debido más a razones presupuestarias que a un deseo de mantener una postura crítica ante el mismo.[1] En opinión de Víctor Fuentes, el éxito de Almodóvar en los ochenta se debió principalmente a la irrupción de un movimiento posmoderno plural, heterogéneo y diferente en un mundo en el que los jóvenes pensaban que «todo está dicho» (VERNON, MORRIS, 1995, 156).

Unidos a la noción de posmodernidad se encuentran los conceptos de *camp* y *kitsch* que varios críticos han atribuido al cine de Almodóvar.[2] La artificialización, el amor por lo antinatural y la exageración conforman la esencia de lo *camp*, mientras que el *kitsch* se caracteriza por la búsqueda del efecto, por la sustitución de la categoría ética por la estética. No es casualidad que Andy Warhol, con el que continuamente comparaban a Almodóvar, sea considerado como el primer artista que crea una genuina versión *camp* americana por su constante manipulación del repertorio iconográfico y su interés por la marginalidad (YARZA, 1994). Al margen de las evidentes diferencias entre Warhol y Almodóvar, es cierto que ambos comparten un gusto artístico y unas influencias semejantes en tanto que representantes del *camp* y del *pop*.[3] Lo que sí resulta evidente es que Almodóvar ha conseguido transformar unas tendencias de acuerdo con sus necesidades e inquietudes artísticas de modo que ha sido capaz de crear un estilo propio e inconfundible, e incluso algunos se han atrevido a atribuirle la creación de un género denominado «almodrama».

En definitiva, con mayor o menor acierto, Almodóvar ha sido considerado el máximo representante del posmodernismo cinematográfico. Sin restarle cierta, y sólo cierta, veracidad a tal afirmación, en mi opinión se ha exagerado esta faceta posmoderna de Almodóvar y, en muchas ocasiones, ha sido olvidada su capacidad de restituir ciertas tradiciones literarias, musicales y teatrales tan características en su obra. Coincido plenamente con la opinión de Santos Zunzunegui al respecto: «... es posible despejar un tanto el cliché posmoderno que afecta, por ejemplo, a la figura de Almodóvar, para situarlo en su verdadero terreno: el de ejemplar revisitador de innumerables formas estéticas de la tradición española, desde el folletín o la novela sentimental hasta el cuplé, pasando, claro está, por el bolero (ese frasco de las esencias de las convenciones pasionales y trágicas) cuya función no se limita a ilustrar sus filmes sino que, en bastantes casos, sirve de modelo (como espectáculo melodra-

1. Para más información sobre el posmodernismo véase Varderi (1995), Vernon y Morris (1995).
2. *Op. cit.*
3. No es éste el foro de discusión más adecuado para estos temas, pese al interés que suscitan, pero creemos necesario al menos comentar estos movimientos atribuidos a la obra almodovariana. Para ampliarlo se puede acudir a las obras citadas y a Yarza (1994).

mático completo en sí mismo, como obrita autosuficiente) para determinadas interpolaciones tan habituales en su cine» (ZUN-ZUNEGUI, 1999, 102).

Lo que sí parece innegable es que la obra de Almodóvar está plagada de ecos de los más diversos géneros y modelos artísticos, desde los más visuales hasta la propia música, el arte, el dibujo, la pintura, la literatura, la telenovela, etc., que se fusionan en todas y cada una de sus películas con el resto de elementos que conforman su estilo. Consideramos necesaria una explicación de cómo han influido en sus películas y en la creación de su mundo particular para estudiar, más adelante, una vez analizado el filme, el uso de estos géneros y artes en *Todo sobre mi madre*.

El cine dentro del cine

Uno de los elementos que más influencia tienen en su obra es, cómo no, el cine mismo, tanto el cine norteamericano como el español. Esto se refleja en sus películas de varias formas. En primer lugar, a través de la recuperación de actrices populares en los años cincuenta y sesenta en España, como es el caso de Chus Lampreave, Katia Loritz, Helga Liné o Julieta Serrano. Eso sí, los papeles que les otorga son completamente diferentes de los que acostumbraban a interpretar; las vemos en un universo nuevo y rupturista. En esta línea podemos destacar a la Julieta Serrano medio loca, montando en moto con la melena al viento y pistola en mano, eso sí, con un modelito y un peinado que nos remite a su juventud en los años sesenta, de *Mujeres al borde de un ataque de nervios*. Las nuevas visiones de estas actrices se nos ofrecen como un revulsivo, casi siempre humorístico y renovador, cuya principal función es despertar nuestros sentidos hacia sensaciones de revitalización de materiales tradicionales, de conjunción de tradición y modernidad.

Por otro lado, la introducción del cine en la película misma, como premonición aclaratoria de lo que va a suceder, es también otra constante en la obra almodovariana. Tal es el caso de *Matador*, cuando los protagonistas se encuentran por vez primera en un cine donde se proyecta *Duelo al sol*, o la *Eva al desnudo* (esta vez cine televisado) premonitoria de *Todo sobre mi madre*. El cine también aparece en tanto que

23

homenaje que el director tributa a ciertos autores o géneros. *Qué he hecho yo para merecer esto* se acerca a Hitchcock y a su cine, además de al más puro neorrealismo italiano, concretamente a su episodio de televisión *Cordero para cenar* (Lamb to the Slaughter, 1958) en el que se emplea la misma forma de asesinato, aunque esta vez con una pata de cordero.

Otro aspecto del reflejo del cine en su obra es el retrato continuo del mundo que rodea a este arte en todos sus aspectos, desde las obvias descripciones del trabajo de doblaje y todo lo que implica en *Mujeres al borde de un ataque de nervios*, hasta la alusión directa a los rodajes. En *Qué he hecho yo para merecer esto* la primera escena nos sitúa en una plaza llena de cámaras y grúas donde se está rodando una película, como una llamada de atención sobre el cine mismo y lo que implica de caracterización de la realidad. Con ello Almodóvar parece estarnos previniendo del espectáculo al que vamos a asistir, preparándonos para enfrentarnos a un tipo de realismo enmarcado, paradójicamente, en el mundo de la ficción. Esta especie de modelización de la realidad, de mezcla entre ésta y la ficción permite, además, al director un ejercicio de autoexploración personal en la figura de muchos de sus personajes. De ahí que abordara directamente el tema de la inspiración y las tribulaciones creadoras del artista en *La ley del deseo*, dibujando así su propia introspección y mostrando su realidad interior a través de su obra.

En definitiva, el cine entra dentro de su propio cine en muy diferentes facetas, ya que la mayor fuente de inspiración de Almodóvar es tanto su vida como la de sus allegados, la cotidianidad que le rodea, y esa cotidianidad está estrechamente ligada al mundo del cine. De ello hará fuente inagotable de sus filmes en los que las motivaciones cinéfilas que los determinan no faltan, haciendo así referencia a su propia intertextualidad y despertando la mente del espectador en la búsqueda de esa realidad, que al mostrarse como ficcionada abiertamente, nos lleva a reformular nuestras concepciones respecto a sus propios límites.

Entre escenarios y libros

El teatro y la literatura van a formar parte de las películas almodovarianas en gran medida, agudizados al límite en *Todo sobre mi madre*. Precisamente por ello le dedicaremos mayor espacio al hablar del filme en el análisis. Sin embargo, sí queremos destacar el papel que desempeñan en el resto de sus películas para comprender mejor la influencia que tendrán en su última obra. El interés de Almodóvar por todo lo relacionado con la escritura es evidente en su propia figura como creador de historias. Él es un escritor incansable que debe abandonar muchas de sus historias por la incapacidad de llevarlas todas a la práctica, y en la mayoría de los casos es el guionista de sus películas, siempre originales y surgidas de su mente. *La flor de mi secreto* aborda el tema de la literatura con todas sus penurias y sufrimientos en la persona de Leo. Se trata de algo que atormenta y obsesiona al director, que tantas veces debe enfrentarse a los momentos creativos en los que, según sus propias palabras, se encuentra solo ante el dolor del parto, sin ayuda ni concesiones. Lo mismo le ocurre a Leo, que debe escribir para poder afrontar sus miedos, pero a la vez reniega de los escritos que la mantienen en busca de una expresión de sentimientos catártica. *Todo sobre mi madre* también presenta el oficio de escritor como una cruel losa de la que no puede desprenderse, adquiriendo la literatura unas dimensiones cercanas a las de *La flor de mi secreto* en Esteban, otro necesitado de plasmar sus pensamientos. Son todos ellos pequeños *alter ego* del propio Almodóvar que juega a creador en todas las facetas posibles.

25

El ojo mediático

La televisión es una de las constantes en el cine almodovariano, tanto transformada en crítica a la sociedad capitalista y de consumo, como en su transgresión de programas televisivos tradicionales (telediarios, *reality shows*, publicidad...) especialmente retratada en *Kika*. En cuanto crítica, Almodóvar intenta revelar en sus alusiones televisivas los mecanismos que pone en juego la sociedad de consumo para dibujar un mundo basado en la estética y el machismo imperantes sin que llame la atención a los televidentes. Lo que el director pretende es precisamente hacer que destaque, crear copias y parodias de anuncios hilarantes e irreverentes, pero siempre siguiendo las estructuras establecidas, de forma que el espectador pueda darse cuenta de los auténticos postulados en los que se basan. A través de una especie de hipérbole en imágenes, de esperpentización televisiva, se apela a nuestra capacidad de reacción para asimilar esta visión a la de los anuncios reales y establecer nuestros propios paralelismos.

Algunos ejemplos claros de esta ridiculización de la publicidad se ven ya en sus primeras películas. En *Pepi, Luci, Bom y otras chicas del montón* se anuncian unas bragas maravillosas, bragas Ponte, capaces de permitir a las mujeres todo tipo de actividades como, por ejemplo, la de tirarse una ventosidad en plena noche romántica que las bragas transformarán en embriagador perfume. El efecto grotesco, y en muchos casos escandaloso, de estas visiones de Almodóvar tienen al menos el poder de actuar como revulsivos, como activadores mentales. En la misma línea se enmarca el *spot* de Carmen Maura en *Mujeres al borde de un ataque de nervios* cuando representa a la madre de un asesino en serie, capaz de dejar la ropa ensangrentada de su hijo tan blanca que la policía no podrá hallar la más mínima huella del crimen que el hijo ha cometido poco antes.

El otro vector de la televisión en sus filmes lo conforman los programas, sobre todo los telediarios, llevados a su máxima expresión en la mayoría de los casos. Antes de la aparición de las privadas —tampoco parece que el panorama haya cambiado mucho desde entonces, aunque al menos la competencia haya traído cierto pluralismo—, los telediarios eran objetos al servicio del gobierno en el poder perfectamente manipulables. Almodóvar es consciente de esto, así como de la frialdad e impersonalidad de los presentadores, de ahí que decida crear su propia concepción de los telediarios. Los suyos se convierten en una crítica a los convencionalismos, otra llamada de atención al espectador. El hecho de colocar a su propia madre como presentadora nos da una imagen totalmente diferente de las noticias, quitando seriedad a su misma existencia.

Tacones lejanos nos ofrece un nuevo concepto de telediario, a modo de docudrama, cuando la propia presentadora, Victoria Abril, lo usa para confesar el asesinato de su esposo en directo. En este caso se trata ya de un canal privado, ya que, como es usual, Almodóvar se adapta a la modernidad en todo momento. La crítica se agudiza en *Kika*, donde los *reality shows* son tratados como generadores de morbosidad exagerada y de cruel recreación de las penurias humanas. El personaje que interpreta Victoria Abril, con su *look* entre posmoderno y masoquista, se convierte en una auténtico cazador de noticias para un programa que se define en su propio título: *Lo peor del día*.

De esta forma, Almodóvar pone al descubierto las contradicciones y en muchos casos la irresponsabilidad de una clase de *show* televisivo que supuso un *boom* pocos años después de la aparición de las privadas y que cosechó bastantes críticas, pese a los altos índices de audiencia de los que disfrutó.

Hay pocas películas de Almodóvar en las que la televisión no haga una aparición, por breve que sea, o actúe como voz de fondo, como elemento común de toda casa, siempre encendida e incomunicativa. Incluso en *Todo sobre mi madre* aparece, de forma fugaz, en la forma de un anuncio conocido de Dodotis dando paso a la película que da nombre al filme, *All about Eve.* De igual manera la prensa escrita aparece en varias ocasiones. Tal es el caso de *La flor de mi secreto* donde se muestran las entrañas de un periódico, *El País*, sus rotativas, la redacción, y a un periodista en uno de los papeles protagonistas. Es ésta una visión más positiva que la de la televisión, quizá por otorgarle más seriedad a la prensa escrita en tanto que se supone consumida por un tipo de lector más culto y con menos capacidad de ser manipulado que el espectador televisivo.

Visiones de un artista

Las influencias recibidas en su juventud creadora, procedentes de la fotonovela, el arte pop más warholiano, el *kitsch* de los ochenta y la vanguardia en tanto que herencia de la movida madrileña, unidos a su afán creador e innovador en experimentación continua, convierten las películas de Almodóvar en una fuente inagotable de referencias artísticas. Si el *pop art* nacido en Estados Unidos supuso un importante cambio en el concepto del arte en este siglo, gracias a su revolucionaria utilización de la iconografía cotidiana como base, también en Almodóvar los objetos de consumo adquieren una inusual importancia. Esta relevancia otorgada a lo usual se puede apreciar en una doble vertiente: los primerísimos planos y atípicos encuadres a los que somete a los objetos más inverosímiles, y el material pictórico propio del *pop art* que aparece en sus filmes. Muestra de lo primero es, por ejemplo, la caída al suelo de objetos que se adueñan de la pantalla un instante, como en *Tacones lejanos* o *La flor de mi secreto,* cuando las bolas de cristal se desparraman, o la visión cercana de elementos de uso diario, como el lápiz observado por la libreta en *Todo sobre mi madre.*

El otro vector, el de la inclusión de artículos artísticos como pósters y carteles en sus filmes, también se hace evidente en esta última película con el gigantesco cartel de Huma anunciando la obra, donde su rostro agigantado y la saturación colorística nos remite a las musas de Warhol. La reproducción de estampas religiosas, casi a modo de serigrafía multiplicada en *Átame*, apariciones de pósters serigrafiados como el famoso colt en *Matador*, o la estética pop de la diva en *Tacones lejanos*, son algunos ejemplos de una numerosa sucesión de imágenes a lo largo del relato. Los mismos elementos figurativos reaparecen una y otra vez en sus filmes en un guiño continuo a un tipo de arte que tanto le influyó.

El cómic, no olvidemos que él mismo además de consumidor fue creador de fotonovelas, también deja su huella en la mayoría de sus películas, sobre todo el cómic femenino del que era ávido lector. Toda *Kika* supone una mirada narrativa al mismo, al igual que *Mujeres al borde de un ataque de nervios,* narrada precisamente como un típico cómic femenino y manteniendo el mismo tipo de estética colorista, con predominio de los interiores y en el que incluso el vestuario de las protagonistas es cuidado al máximo.

Sin embargo, no todo es pura modernidad en la visión artística del director, ya que, si algo caracteriza precisamente su obra, es la eficaz mezcla de vanguardia y tradición que es capaz de realizar sin que emerjan estridencias de ningún tipo. Esta mixtura le lleva desde el clasicismo pictórico, por ejemplo la inclusión de Chagall como referencia más cercana en *Todo sobre mi madre,* hasta la vanguardia pura. Ésta se refleja, por ejemplo, en su pasión por la moda, máxime en *Matador* donde se convierte en parte esencial de la narración y de la estética que conforma el filme, o en la figura de la modelo de *Mujeres al borde de un ataque de nervios*. La vanguardia se extiende a los elementos más renovadores del último arte, al conceptualismo de los enormes cuadros en la casa del escritor o del psiquiatra en *Qué he hecho yo para merecer esto,* o en el innovador diseño de muebles, muchas veces realizado por él mismo, o en el uso de lo más novedoso en diseño industrial.

En esencia, el arte impregna la obra de Almodóvar en todas sus facetas ya que él como creador total es capaz de controlar hasta el más mínimo detalle e involucrarse en cada una de las elecciones que realiza en sus filmes. Éste es un síntoma más de su genialidad, de su capacidad de abarcar cualquier tipo de creación artística a modo de Leonardo da Vinci, presente en todos los ámbitos creativos. Para resumir este eclecticismo y la riqueza de sus guiños, Antonio Holguín realiza un resumen de algunos de sus momentos culminantes:

El rastro madrileño que aparece en *Laberinto de pasiones* es referencial al pintor neoexpresionista onubense Javier Hierro. La muerte como catarsis en *Tacones Lejanos* hace referencia al expresionismo de Edvard Munch. Los relojes en reposo, de la obra de Dalí sobre el transcurrir del tiempo, es referencia a las fotos promocionales de *Tacones Lejanos*, con los personajes en la misma actitud que los relojes en el cuadro de Dalí. *Kika* es un mundo de referencias al pop, y a la pintura surrealista, con Almodóvar (en las fotos promocionales de la película, como *Tacones...*) moviendo a los personajes como en un tablero de damas. Las fotos promocionales de *Kika*, con los personajes en color encuadrados en negro, están relacionadas con la representación humana del color en la pintura de Mondrian (HOLGUÍN, 1999, 188).

A esta enumeración yo añadiría las miradas al mar en *Todo sobre mi madre,* desde la cristalera del hospital, desde la ventana en cruz, desde el mismo cementerio, el puro *kitsch* del papel de la pared de la casa barcelonesa de Manuela, el homenaje a Gaudí en cada rincón de la ciudad (a veces con una excesiva recreación en los aspectos más turísticos de la ciudad), la belleza deteriorada de las pinturas de las paredes del portal y de casa de Rosa María Sardá, las fotos artísticas del camerino, la original silla en zig zag que muestra el detallismo de la elección del diseño y la decoración de interiores... De nuevo el acercamiento a ese arte total que promulga Almodóvar.

Melodías fugadas

La música de Almodóvar bebe de muy diversas fuentes y cobra gran fuerza en todas sus películas, hasta el punto de hacerse determinante en la narración. El relato fluye a través de ella, ya que los momentos narrativos álgidos quedan reforzados por la propia banda sonora que mantiene un tema para cada uno de ellos, tema que llevará un título explicativo de lo acontecido.

29

Tras el corazón de mi hijo, Soy Manuela o Esteban, mi hijo son algunos ejemplos de esta autorreferencialidad de la música almodovariana. La banda se introduce en la producción misma del relato, en el argumento y en los personajes, realzando los cambios de registro y los clímax existentes en el transcurso de la película y formando un todo con ella. Sin embargo, no todo se reduce a esto. La riqueza del universo musical almodovariano se amplía a tres ejes básicos: lo popular, lo vanguardista y lo clásico.

La música popular se transforma en un elemento de características totalmente diferentes. Desde el más puro sentimentalismo hasta lo más *kitsch* forman parte esencial de su obra, colocando el bolero como centro neurálgico en la mayoría de los casos. *Entre tinieblas* es una primera seña de la más pura identificación con el bolero en la imagen de su protagonista y de las monjas como admiradoras suyas. En *Matador* la canción *Espérame en el cielo* se convierte en el cenit de la pasión amorosa, ejemplo claro de la función de la música en sus filmes, en tanto que simboliza perfectamente el momento representado. Precisamente el bolero será la base argumental de *Tacones lejanos*, centrada en la figura de una famosa cantante, Mina, con voz de Luz Casal. La total compenetración entre el bolero y los sentimientos de los personajes se ve también en *Mujeres al borde de un ataque de nervios*, donde *Soy infeliz* y *Puro teatro* ejemplifican el estado de Pepa. No sólo el bolero forma parte de esta tradición musical, en la que también se incluyen ritmos flamencos en *Se me rompió el amor* (*Kika*), o más directamente en *La flor de mi secreto*. Aquí el flamenco toma forma en la figura de Joaquín Cortés y su madre en la ficción que representan un baile. La recreación del director en los pies del bailarín y los ritmos del taconeado durante un ensayo, evidencian esa pasión por lo popular que Almodóvar suscribe en casi todas sus películas.

La música vanguardista hunde su raíces en el rock, el punk y el heavy de los que Almodóvar es heredero directo, tanto generacionalmente como por su adscripción a la *movida* y a la propia música de su grupo. De ahí que llegue a identificarse con los movimientos más rupturistas o renovadores del panorama musical. La función más lúdica y desenfadada de la música en tanto que catarsis quedaba revelada en sus letras, lo que también deja huella en sus filmes. El ejemplo más surrealista y clarificador nos lo ofrece Bibi Andersen con esa especie de *Rock de la cárcel*, coreografía incluida, que se marca en el patio en *Tacones lejanos*. Pocos recursos tan almodovarianos pueden definir su concepción de la música no sólo como elemento generador de sentimientos, más representados por el bolero, sino como la pura diversión banal y catártica que tantas veces ejerció él mismo.

La denominada música clásica tampoco está ausente de su trabajo, con conocidas melodías que otorgan un tono elevado, casi lírico, dramático o pasional a muchas escenas. Stravinski, Rimski-Korsakov (*Sheherezade* en *Mujeres...*). A esto se unen las bandas sonoras, como hemos mencionado al principio, en un ejercicio de adecuación entre música y trama argumental, donde la música se introduce en la propia *psique* de los personajes y acrecienta las situaciones dramáticas, envolviendo el filme de una emotividad y apasionamiento que se puede recrear con el simple ejercicio de escucharla. La música en Almodóvar crea su propio mundo de imágenes.

En *Todo sobre mi madre* la banda sonora es parte de la narración misma: se trata de dieciocho temas, quince de ellos de Alberto Iglesias como viene siendo habitual, que estructuran los principales momentos del relato. *Soy Manuela* es una melodía introductoria, suave y con base de piano que nos presenta a la protagonista en la cotidianidad de su vida. Tras producirse el primer cambio, la crisis, *Tras el corazón de mi hijo* añade al tema sonidos acústicos entrecortados, casi a imitación de ese corazón que se para, y una melodía de una mayor amargura. De esta forma, durante todo el filme la música se adecua al estado anímico de los personajes; una inquietante canción basada en un creciente ritmo incesante de fondo que imprime una sensación de huida, marcando precisamente la de la propia Manuela mientras vamos descubriendo todo sobre ella, es *All about Eve*. Uno de los temas que mejor muestra esta fusión entre música y narración en la película es *Gorrión*, que posee ecos de un viejo tango argentino y que acompañará a Manuela al cementerio cuando Lola rememore su pueblo, mientras ambas se reencuentran con sus raíces. En definitiva, estamos ante una música heterogénea, que determina las sensaciones de cada escena en igual medida que las imágenes.

De Pepi a Manuela

Aparte de varios cortometrajes, e incluso el largometraje *Folle, folle, fólleme Tim* en super 8, la primera película de Almodóvar lleva el fresco título de *Pepi, Luci, Bom y otras chicas del montón* (1980). La falta de medios prolongó el rodaje varios años, rodaje que quedó en manos de entusiastas y amigos desinteresados con grandes ilusiones puestas en él. La trama se mueve alrededor de Pepi y su mundo, sus amigos y ambiente. Ya desde este primer filme se aprecia la capacidad del director de enlazar historias en torno a la narración principal para dar riqueza al conjunto. *Pepi, Luci, Bom...* se inscribe de lleno en el posmodernismo y la *movida* madrileña en un entrelazado de personajes extravagantes: el policía violador casado con una masoquista, grupos musicales con sus respectivas *grupies,* pintores bohemios, chaperos, un homosexual casado, travestis... forman parte del universo personal de *Pepi, Luci, Bom...* y marcan el inicio de una tendencia hacia los filmes corales en la obra del director. Se trata de un cine *underground* aún imperfecto técnicamente, pero original y arriesgado, de una clara tendencia vanguardista.

Laberinto de pasiones (1982) se convierte en su segunda película, consecuencia, y en cierto modo continuación, de la primera, en tanto que pretende ser un retrato de los acontecimientos que rodean a la *movida* madrileña de la época. De nuevo nos enfrentamos a personajes atípicos y estrambóticos: Sexilia y Reza Niro son presas de la ninfomanía destinadas a encontrarse. En este devenir se nos presentan historias y personajes secundarios que, como siempre, otorgan colorido a la trama. La modernidad más en boga se da cita en el filme, donde ya aparecen ciertos personajes que acabarán convirtiéndose en una constante en la obra de Almodóvar o, al menos, reaparecerán en sus siguientes películas. Tal es el caso de los chiítas, taxistas, travestis, psicólogos y otra serie de gentes barrocas y divertidas.

Entre Tinieblas (1983) supone un giro dentro de su carrera porque rompe con la intención de reflejar la movida urbana. De la mano del melodrama con visos cómicos se adentra en el mundo religioso pero, precisamente, para no hablar de él. Pese a transcurrir en un convento su película no tiene la más mínima intencionalidad religiosa, sino más bien la de abordar el tema de la marginalidad y su posible redención. Los personajes se revisten de esperpento incluso en la elección de sus nombres, se nos habla de monjas drogadictas y lesbianas con una estética enmarcada en la fotonovela, de una naturalidad (otra constante en su obra) que hará que lo inverosímil resulte creíble.

En la misma línea de la tragicomedia *Qué he hecho yo para merecer esto* se convierte en una de las películas más feministas de los ochenta por su cruda descripción de la vida de un ama de casa de clase baja, en la línea de un cierto neorrealismo. Gloria es una ama de casa que trabaja como asistenta y debe recurrir a las pastillas para evadirse de la dura realidad que se vive en su hogar, hasta llegar a tal grado de desesperación que asesina a su marido con una pata de jamón. El *kitsch* se adueña de la película y sirve también para la caracterización de esos secundarios que plagan la historia de guiños tragicómicos, como la vecina prostituta imitadora de Barbie o la abuela testaruda. Como contrapunto, el retrato de la familia burguesa aparece en el filme para dotar de mayor impacto, precisamente en la comparación, la situación de Gloria, y elaborar una crítica a la hipocresía burguesa que será perfeccionada en sus próximos trabajos.

En *Matador* se sirve del culto a los toros y de las raíces mismas de lo hispánico para relatarnos una historia de sexo, amor y muerte que tiene sus bases en *El imperio de los sentidos*. En realidad nos hallamos ante un *thriller* en torno a una asesina en serie donde pasión y sangre se mezclan en una historia jalonada de muchas otras vivencias.

Su siguiente película pretende ser una introspección personal del autor. No es pues hasta *La ley del deseo* que Almodóvar decide hablar de sí mismo, introducirse en su interior y realizar su película más personal hasta entonces. La homosexualidad, antes sólo rozada de pasada, adquiere todo el protagonismo. Una historia de amor convertida en asesinato pasional, sin hacer tanto énfasis en los personajes secundarios pues el intimismo de la narración exige, según el parecer de Almodóvar, mayor concisión temática. Se trata, en definitiva, de una incursión en el propio yo.

Hasta este momento Almodóvar era un director famoso y controvertido en nuestro país, adorado por muchos como paradigma de la modernidad y vapuleado por otros por la marginalidad de sus visiones. Desde que filmó *Mujeres al borde de un ataque de nervios* ya nada volvió a ser lo mismo. Se puede decir que existe un antes y un después en su carrera, sobre todo gra-

33

cias al increíble éxito cosechado por el filme, lo que le permitirá tener la independencia económica suficiente para desarrollar el resto de sus trabajos. La nominación al Oscar le ofreció, además, un reconocimiento internacional que aún no había acabado de materializarse, de forma que su obra trasciende nuestras fronteras. Esta sofisticada comedia coral hace gala ya de una gran perfección técnica y un absoluto control sobre los más mínimos detalles, características que se engrandecerán sobremanera en el filme que ocupa nuestro análisis, *Todo sobre mi madre*.

A partir de aquí Almodóvar rueda otras cinco películas antes de crear *Todo sobre mi madre*, la gran película-homenaje a su madre que siempre quiso realizar. *Kika* resulta un interesante experimento en su carrera. Poco reconocida por el público y criticada por amplios sectores de la prensa, *Kika* arremete contra la desprivatización y la anulación del cuerpo en los *reality shows*. El tema del amor seguirá presente en todas sus películas, *Átame, Tacones lejanos* o *La flor de mi secreto*, en muchos casos, como en este último, con el crimen de por medio, y la maternidad irá siendo abordada tangencialmente, como en *Carne Trémula*. Tan sólo quería inspeccionar qué tipo de bagaje arrastra el filme en cuanto a la trayectoria de su director, ya que veremos que va recogiendo pedazos de todos sus filmes anteriores para elaborar la que ha sido su gran película: *Todo sobre mi madre*.

Historia de una gestación

Hacía ya mucho tiempo que Pedro Almodóvar quería realizar una película en homenaje a su madre, aunque tuvo que esperar a su filme número trece para llevarlo a cabo. Él siempre ha afirmado que esta película era el resultado de las doce anteriores, es decir, de cada una de ellas toma una pequeña gota con que llenarse. Es probable que el director tuviese una serie de ideas agolpadas, sobrantes quizá de otros filmes o provenientes de ellos, y necesitase darles forma. Había toda una serie de temas que necesitaban desarrollo y que tuvo que abandonar en otros relatos, sensaciones que quería expresar. Cotejando todas las entrevistas del director desde el estreno de *Todo sobre mi madre* podemos extraer distintas conclusiones respecto a la génesis de esta obra.

En primer lugar, y en relación con la infancia y vida del director, a sus declaraciones respecto a las vivencias y recuerdos, se nos ofrecen varias líneas de influencia en lo que será la génesis del filme, es decir, la génesis de la idea misma de la película como fruto de la experiencia vital del autor. Su madre es algo esencial en su vida y, con el paso del tiempo, se da cuenta de la necesidad de hablar de ella en cierta forma, de recordar lo que ha aprendido a su lado y homenajearla por su esfuerzo. Ella que siempre supo completar la realidad con la ficción para hacer la vida más fácil merece un reconocimiento. Así se va gestando la idea de una meditación sobre la maternidad. Antes no se había atrevido a dedicársela a su madre porque dudaba que sus películas le gustaran, pero decide que ahora es el momento. Almodóvar, influido por sus vivencias de infancia, por su observación del mundo femenino, quería realizar una película sobre la capacidad innata de las mujeres para mentir. En esta misma línea se le ocurrió convertirla también en homenaje a las actrices, a esas mujeres que interpretan a actrices, que se interpretan a sí mismas, siempre teniendo en mente todas sus influencias cinéfilas. Además, la realidad le ofrece acontecimientos que desea plasmar en cine. La idea, basada en hechos reales, del monólogo en el teatro para hacer frente a una situación de crisis le rondaba por la cabeza y buscó cómo incorporarlo en forma cómica. En otra línea, el propio cine de Almodóvar no deja de ser una fuente de generar formas para nuevos filmes, tanto en lo que se refiere al desarrollo de personajes (Manuela y Lola), como a la prolongación de éstos (Huma).

Con todo ello, Almodóvar comienza a dar vueltas en la cabeza a su nueva película, cuyo título sacará de *Eva al desnudo* (All about Eve) en la traducción exacta del título original. El guión es redactado por él mismo, como viene siendo habitual, y decide comenzar el rodaje. Para ello cuenta con su grupo de profesionales de siempre, su hermano Agustín en la producción junto a Esther García, que recibirá el Goya a la mejor dirección de producción, Affonso Beato como director de fotografía, con quien ha colaborado en sus tres últimas películas, o José Salcedo, montador de la mayoría de sus filmes. La producción corrió a cargo de su propia productora, El Deseo, creada después de *Matador* y cuya primera producción para Almodóvar fue *La ley del deseo* en 1987.

En pleno fin de una década Almodóvar decidió rodar su película número trece y que, a pesar del número, le ha traído el éxito

35

apabullante y la consagración definitiva. Estos últimos años de la década de los noventa se han vivido con optimismo por parte del cine español, optimismo peligroso que a veces ha promovido ciertas acciones nada favorables a su continuidad. La Modificación de la Ley de Televisión sin Fronteras aprobada por la Comisión de Infraestructuras del Congreso, según la cual las televisiones deberán invertir en cine europeo el 5% de sus ingresos, fue acogida muy positivamente por la industria cinematográfica, ya que uno de los grandes problemas del cine español y europeo ha sido, precisamente, su incapacidad de luchar contra la gran potencia que supone Estados Unidos. Cuando se hacía pública esta noticia, en abril de 1999, el cine español obtenía una cuota del 11,79%, ligeramente menor que el año anterior y los porcentajes de recaudación y espectadores aumentaban, acudía más gente al cine y existían cuatrocientas pantallas más. Como ya he explicado, se trata de un optimismo ligeramente ficticio, ya que la proliferación de pantallas y espectadores no supone realmente para el cine español, ni siquiera para cierto tipo de cine fuera de los circuitos convencionales, sino el auge para el ya consolidado cine comercial hollywoodiense. En esta atmósfera estrenaba Almodóvar *Todo sobre mi madre*, el 16 de abril y anunciaba la presentación del filme en Cannes.

En Cannes le llegará a Almodóvar su primera victoria con el premio a la Mejor dirección, con lo que se convierte en el segundo director de cine español galardonado en este certamen, donde ya lo fue Buñuel. La película es muy bien acogida y recibe excelentes críticas aunque aún no se augura el desbordante abanico de premios de que va a ser objeto. Estamos en un momento en el que las mayores preocupaciones del cine español son las cuotas de pantalla y la manera de proteger sus intereses, con la FAPAE (Federación de Asociaciones de Productores Audiovisuales Españoles) negociando con Antena 3 y Canal Plus para dar forma a convenios que permitan la financiación de películas mediante la compra de los derechos de emisión. El cine español parece ser mejor aceptado fuera que dentro de nuestras fronteras (lo que se incrementará con la internacionalización almodovariana por su éxito en Hollywood), ya que su difusión en televisiones extranjeras aumenta notablemente respecto al año anterior, doblando las cifras.

En este estado de cosas la polémica llega de la mano de las cuotas de pantalla que, según los exhibidores, son inconstitucionales. De ahí que el Congreso Nacional de Exhibidores demande su desaparición como práctica contraria a la normativa europea. Ajena a cualquier problema, *Todo sobre mi madre* se presenta en Nueva York con un enorme éxito, a la vez que se coloca, en noviembre de 1999, en el cuarto lugar del *ranking* de películas más vistas en Europa en los seis primeros meses del año. Esa reconquista almodovariana de Europa tiene su centro en Francia, aunque también en Gran Bretaña donde recibe el premio a la mejor película de habla no inglesa en el Festival de Cine Independiente. Con la elección de la cinta para representar a España en los Oscar, las mieles del triunfo comienzan a saborearse. Aproximadamente dos millones de espectadores en Francia, España o Italia han visto la película tan sólo unos meses después de su estreno y Cecilia Roth ya ha sido nominada para el premio a la Mejor actriz en los premios de la Academia del Cine Europeo.

En febrero de 2000 *Todo sobre mi madre* llega a los Goyas y recibe el espaldarazo definitivo al conseguir siete galardones, entre ellos el de Mejor película, Mejor director, Mejor actriz protagonista o Mejor música. No se habla de otra cosa que de las grandes posibilidades que la película tendrá de obtener el Oscar, tanto por la impecable factura de la cinta, las excelentes críticas, la enorme acogida del público y la excelente distribución, con el apoyo de Sony, que tiene la cinta en Estados Unidos. Sin embargo, las expectativas no quedan en eso y Sony anunciará sus esperanzas de la nominación de Almodóvar como mejor director y de Cecilia Roth como mejor actriz, un caso semejante al que había ocurrido con Benigni el año anterior. Sony apuesta fuerte por los anuncios de prensa diarios en *Los Ángeles Times* durante tres meses, o en *Variety* y por la promoción de la película en todos los niveles. Antes Miramax había intentado vender la imagen de Almodóvar como artista sensacionalista, explotando su carácter *underground* y las clasificaciones x, pero Sony fomenta al director como uno de los grandes del año, sin explotar solamente su faceta rupturista.

A pesar del esfuerzo, Almodóvar no es nominado como director, pero *Todo sobre mi madre* gana el Oscar a la Mejor Película de habla no inglesa y el cine español celebra este tercer galardón. Es el colofón de una sucesión de premios imparable, el César francés o el Globo de Oro entre muchos otros, y el reconocimiento general del público con casi nueve mil millones de pesetas de recaudación.

Es evidente que la película ha supuesto un empujón no sólo para Almodóvar sino para el cine español en general, que cada vez goza de mejor fama dentro y fuera de nuestras fronteras. A finales de 1999 se contabilizaron más de once mil millones de pesetas recaudados por el cine español en el país, tres mil millones más que el año anterior, y un aumento del número de espectadores en cinco millones. Evidentemente la película de mayor recaudación es *Todo sobre mi madre*, que cuenta entonces con casi dos millones de espectadores, trescientos mil más que la siguiente en el *ranking* español, *Muertos de risa*. Además, la productora El Deseo se encuentra en cuarto lugar en el *ranking* de recaudación de 1999 con mil doscientos millones, cifra que en marzo de 2000 ya llega a los mil quinientos millones y en junio alcanza los mil seiscientos sesenta millones. A mediados de 2000 se ha constatado una baja en el número de espectadores y un descenso en la cuota de cine español respecto al año anterior. La buena salud del cine español es delicada y aún no se puede hablar de consolidación de la industria, pero es evidente que caminos como los de Almodóvar abren nuevas puertas al cine hecho en nuestro país.

De musas y mujeres

Sin duda alguna Almodóvar es uno de los directores españoles que mejor ha dirigido a las mujeres. Nadie como él para adentrarse en el universo femenino y ser capaz de representar sentimientos y pesares con la fuerza que conllevan. Gran parte de este logro se lo debe a sus actrices, de las que consigue un trabajo admirable en la mayoría de los casos. Se ha hablado mucho de las «chicas Almodóvar», de su «troupe», y en esto tiene bastante que ver la prensa, como si en realidad estas mujeres no tuvieran una vida ajena a la del director, convertido en su creador y manipulador, como si fuera del trabajo con Almodóvar no existiera en sus vidas profesionales nada digno de mención. Cierto es que a raíz de su trabajo con el director manchego muchas de estas actrices se han visto reconocidas y admiradas dentro y fuera del país. La carrera de Marisa Paredes ha sido larga y fructífera, pero probablemente nunca había sido tan famosa hasta su trabajo en *La flor de mi secreto*, quizá Penélope Cruz no habría dado el salto a Hollywood tan rápidamente sin *Todo sobre mi madre*.

Sin embargo, ni Almodóvar es el Pigmalión de
res, ni su vida profesional era desconocida antes de
con él. Lo que parece innegable es que últimamente
can sus manos se convierte en oro, lo cual no es fruto   casualidad ni de la suerte, sino de un duro trabajo, no siempre del
gusto del público y de los críticos, y de cierta dosis de genialidad que acompaña su labor. Pero el esfuerzo lo es todo, lo es
en su trabajo y en el de las actrices que colaboran con él. Y en
eso sí es un gran director, en saber sacar de ellas lo mejor, o al
menos un algo especial que exprime pues, si bien son ellas las
que dejan la piel en sus personajes, no es casual que muchas
de sus más brillantes interpretaciones las hayan hecho junto a
Almodóvar, como tampoco lo es que él recurra al mismo grupo
de actrices para la mayoría de sus películas. En los ochenta y
hasta la famosa separación, Carmen Maura fue su musa, y después de ella otras se han ido incorporando a ese selecto grupo
que le rodea.

Todo sobre mi madre es una película predominantemente
femenina; los personajes masculinos cumplen papeles muy secundarios, si bien su presencia es constante como sombras en
las vidas de estas mujeres. Por ello es importante hablar de la
elección de las actrices y de su trabajo. En esta ocasión Almodóvar repite con algunas de sus actrices. Marisa Paredes ya
había trabajado con él en Entre tinieblas, Tacones lejanos y había protagonizado La flor de mi secreto. Según declaraciones
de la propia Marisa Paredes el personaje de Huma Rojo fue ex-
presamente creado para ella, pensado para ser interpretado
por ella (Pressbook).

Huma Rojo no es el papel protagonista, pero sí resulta de
suma relevancia ya que se muestra como el desencadenante de
los hechos. Almodóvar siempre ha concedido a Marisa papeles
cargados de dramatismo y en los que encarna a divas, artistas
totalmente evadidas del mundo real por una ficción de vida que
ellas mismas crean para evitar enfrentarse a la realidad. Si en
Tacones lejanos Marisa Paredes interpretaba a una cantante
que abandona a su hija por vivir en su divismo, y en La flor de
mi secreto es una desesperada esposa refugiada en la escritura, en Todo sobre mi madre encarna el rol por excelencia, es la
actriz interpretando a una actriz, y a una auténtica actriz, la de
teatro, la más pura. La pasión de Almodóvar por el teatro y por
una de sus musas, Marisa Paredes, se ve reflejada en ese pa-

pel al que en gramática habrían dado el nombre de sujeto paciente: provoca reacciones de modo no activo. Paradójicamente, ejecuta acciones que determinan todo el relato y lo hace inintencionadamente, sin la consciencia de un sujeto activo.

Sin duda alguna la gran protagonista de *Todo sobre mi madre* es Cecilia Roth, premiada por su interpretación de Manuela. Hacía casi quince años que no trabajaban juntos, desde *Qué he hecho yo para merecer esto* en 1984. Cecilia Roth se confiesa actriz dramática y expresiva en la exteriorización de los sentimientos y sin embargo, lo que el director le exigió en esta película fue precisamente la más absoluta contención, una interpretación árida como contrapunto a la naturaleza desbordante de los acontecimientos. De ahí que Manuela se muestre carbonizada, vaciada por dentro tras la muerte de su único hijo, vacío que expresa sin estridencias en un mirar perdido de zombi con muy breves momentos para el llanto o el grito. Un grito siempre contenido, acallado por su mano sobre un rostro que es la huella misma del dolor con lágrimas secas.

Penélope Cruz sólo había trabajado con Pedro Almodóvar en *Carne trémula* en un pequeño papel al principio del filme. Si en ese interpretaba a una madre dando a luz en un autobús, en *Todo sobre mi madre* es una joven monja embarazada del mismo padre que el hijo de Manuela, de ese padre que Manuela busca desesperadamente y del que sólo va encontrando huellas, en este caso la huella más dolorosa y brutal: el descubrimiento de la vida y la muerte unidas en el vientre de la muchacha, al igual que estuvieron unidos en la vida de Manuela. Penélope Cruz es una joven actriz que contaba con unas 25 películas hasta el rodaje de *Todo sobre mi madre*, y que ya había pasado por Hollywood con Fernando Trueba con el segundo Oscar para un director español por *Belle époque*. A raíz de *Todo sobre mi madre* su salto al cine americano ha sido vertiginoso y hoy en día es una de las actrices españolas más internacionales y a las que más ofertas se le han hecho en Hollywood.

Rosa María Sardá es una gran veterana en el cine español a la que Almodóvar ofrece un papel nada amable por su sequedad y dureza, lo que «aunque parezca raro, gusta a un actor». Su papel de madre de Rosa la obliga a situarse en la lejanía de esa madre que no entiende, pero que en ningún momento deja de amar a su hija y preocuparse por ella. Ese distanciamiento en el

Cecilia Roth y Penélope Cruz en una escena del filme.

que la ternura se esconde debía ser exteriorizado, al igual que en el caso de Cecilia, sin abiertas expresiones de amargura, con la sutilidad de escasos gestos sin desgarro. Ése fue el gran reto que abordó Rosa María Sardá en su primera colaboración con el director manchego.

Candela Peña es una joven actriz con apenas una decena de filmes a sus espaldas y que, por ello, se asombró de la confianza depositada en ella por Almodóvar. Antes de trabajar con este director había obtenido papeles secundarios en *Días contados*, *Boca a boca* o *La Celestina*, aunque empezó a ser más conocida a raíz del éxito de *Hola, ¿estás sola?* de Iciar Bollaín. En *Todo sobre mi madre* interpreta el papel de actriz yonqui y evasiva, con perfectos toques de mal genio y dureza a pesar de que muestre una figura en realidad tan frágil y necesitada. También ella es como un zombi, aunque por otras razones, reaccionando con fiereza pero sin llegar a comprender del todo las cosas, jugando con Huma, pero ajena a ella.

Como viene siendo habitual en casi todas las películas de Almodóvar, en *Todo sobre mi madre* asistimos al descubrimiento para el cine de una actriz, Antonia San Juan. Pese a llevar muchos años trabajando en el espectáculo, su trabajo en el cine es escaso y poco conocido, con no más de seis títulos. Podemos suponer, sin embargo, que el éxito de la película, y de su actuación como travesti tendrá efectos muy positivos en la carrera de esta actriz. No es la primera vez que Almodóvar sirve de trampolín a actrices y actores poco reconocidos, ni será probablemente la última.

En definitiva, la excelente dirección de actores, que siempre ha mostrado en todas sus películas, se ve maximizada en *Todo sobre mi madre*, donde las actrices son capaces de dar todo de sí y realizar muy buenas interpretaciones, quizá precisamente por ese entendimiento de lo femenino que el director posee, o por su gran capacidad de trabajo. A esto hay que añadir la cualidad de descubrir algún talento nuevo en todos sus filmes, como Antonia San Juan, lo que contribuye a la creación de expectativas que el espectador espera ver recompensadas al acudir al cine. El caso es que ello ayuda a redondear aún más un filme ya de por sí bien estructurado, y a dejar la sensación en el espectador del trabajo bien hecho.

La suma hacia el éxito

Ya hemos comentado que Almodóvar ha afirmado en numerosas ocasiones que *Todo sobre mi madre* es la suma de sus doce películas anteriores y que, por lo tanto, había elementos de todas ellas en su última y más exitosa obra. En este epígrafe lo que vamos a tratar de hacer es sintetizar las principales características del estilo y estética de Almodóvar y comprobar en qué medida éstas se cumplen y afectan al filme que nos ocupa y, lo que es más importante, a partir de ahí, tratar de analizar las causas que determinan el enorme éxito del mismo. ¿Qué factores se aúnan y se conjugan en este filme para el triunfo del mismo?

En lo que se refiere a la elección argumental, Almodóvar siempre intenta retratar personajes marginales dotados de gran sensibilidad. Pese a no constituir una característica única (otros directores la comparten) lo que innegablemente sí es una constante en sus películas es la aparición de una serie de personajes normalmente no aceptados por la sociedad, como es el caso de yonquis, prostitutas, travestis, a los que Almodóvar dota de una increíble humanidad, hasta el punto de que muchas veces los convierte en protagonistas de la historia. En *Todo sobre mi madre* la adscripción al mundo de la marginalidad se hace evi-

dente en la persona de Agrado y Lola, pero este mundo afecta
también a la mayoría de las mujeres del filme precisamente por
su vinculación indirecta. Pese a la clase de vida que parece ex-
cluirla de la sociedad, travesti y prostituta, Agrado es el personaje más entrañable, el contrapunto, no sólo cómico, sino
positivo del filme. Almodóvar es capaz de retratar la marginalidad en toda su crudeza y realidad (palizas, sida, droga, muerte)
y, sin embargo, conseguir a la vez una superación de esa misma desesperanza al ofrecer a sus criaturas una carga humana y
luchadora, en algunos casos mucho mayor que la de los políticamente correctos (véase la dureza crítica con que es tratada la
madre de Rosa en tanto que representante de una hipócrita burguesía). Agrado misma es capaz de salir de la prostitución y encargarse de hacer la vida agradable a los demás al margen de
sus propios problemas.

Directamente relacionada con esta idea se sustenta la crítica a cualquier tipo de limitación. La homosexualidad, el travestismo, las elecciones personales son defendidas por el director en
todos sus filmes. En el que nos ocupa, todos los personajes ven
justificadas sus decisiones como elección personal libre, lo que
se resume en las palabras de Agrado, a modo de moraleja, de
que «una es más auténtica cuanto más se parece a lo que ha soñado de sí misma», mensaje que, evidentemente, llega a todo el
mundo pues ¿quién no desea parecerse a su ideal? Esta sensibilidad homófila y libertaria conecta perfectamente con los sectores más jóvenes y liberales de la sociedad, en una época tan
individualista, de tendencias aperturistas en relación con estos
conceptos, y supone también una clave de éxito por su modernidad. Es precisamente ésta una de las principales razones del
éxito de la película, la superación de la marginalidad a través del
retrato esperanzado de la misma, lo que contenta a unos por lo
que tiene de transgresión y a otros por la normalidad que des-
prende, incluso en lo insólito. La capacidad de criticar lo establecido y a la vez defender lo que está fuera de los convencionalismos,
todo ello sin herir sensibilidades, convierten el filme en la clase
de satisfacción que todos esperan.

La diversidad de personajes se expresa, además, en la co-
ralidad de la película, que cuenta con historias secundarias que
dan riqueza a la principal, lo que viene siendo una constante en la
obra de Almodóvar. En *Todo sobre mi madre* las historias que rodean a Manuela son las que dotan de colorido a la suya, son pe-

43

queños microfilmes con su propia carga emotiva que introducen numerosos temas en el relato. Esto resulta positivo para el triunfo de la película, ya que la identificación del espectador es más fácil debido a la variedad. Aunque tal variedad podría resultar contraproducente si no fuese por la habilidad del director para enlazar dichas historias, habilidad que demuestra especialmente en un filme tan coral como éste.

Por lo que se refiere al nivel formal de la película, las elecciones estéticas del director pasan por varios elementos característicos. Para hacer más fácil la comprensión de esta idea tomaremos como ejemplo ilustrador una de las primeras escenas de la película, la estampa hogareña de Manuela y Esteban. La madre está en la cocina preparando la cena mientras Esteban espera el principio de la película *Eva al desnudo* sentado en el sofá. Esteban llama a su madre en cuanto el filme comienza y ambos se sientan a cenar enfrente de la televisión, charlando acerca de la película y del amor por la escritura de Esteban. La acción pasará luego a la habitación de Esteban, donde Manuela le entrega un regalo por su cumpleaños. Lo primero que llama nuestra atención, con relación a la estética de la película, es el permanente colorismo, tanto por la riqueza cromática de la gama de colores, como por la variedad de personajes y situaciones que es capaz de llevar a la pantalla. Los vivos colores puros de la decoración, azules, rojos saturados, una cocina de azulejos floreados y muebles pintados de colores, la habitación de Esteban con el contraste del rojo y el amarillo cargando de tintes cromáticos la oscuridad nocturna que entra por su ventana. Esto es usual en el cine de Almodóvar y forma parte de un enorme barroquismo. Su recargada escenografía y decoración al más puro estilo barroco no es ajena a ningún filme, tampoco a éste. Lo veremos en la escena analizada, pero también en el exceso modernista de Barcelona, la abarrotada casa de la Agrado, el *kitsch* del piso barcelonés de Manuela, etc.

Además, sin duda resulta llamativo en esta escena la cuidada elección de la decoración de la casa de Manuela y Esteban. No sólo los rebuscados efectos coloristas, sino incluso el estilo de la casa está cuidadosamente estudiado. Se trata de una decoración de diseño, moderna y funcional, casi con la apariencia de un piso de muestra, algo muy recurrente en la obra de este director que se preocupa sobremanera por el diseño industrial y de muebles. El arte y la cultura, que ya hemos explicado que es una influencia permanente en sus filmes, adquiere rasgos de elegancia en *Todo sobre mi madre*. Gracias al retrato del *kitsch*, al diseño y a la pasión por el pop gráfico, Almodóvar se adentra en un mundo de decadente hermosura, en el que el arte desempeña un papel fundamental. De esta forma, prestigia a sus espectadores, les embarca en una experiencia artística y estética de gran colorismo debido a su visión casi pictoricista. Almodóvar sabe mirar ese arte y además lo fagocita, convirtiéndolo en algo personal y transmitiendo una cierta sensación, quizá ficticia, de belleza controlada, de prestigio de lo ofrecido que hace sentirse prestigiado al espectador, de forma que incluso eso se convierte en baza de su éxito.

Sin embargo, lo que resulta más personal y típicamente almodovariano en cuanto a la estética es la peculiar mirada que se ofrece sobre los objetos en sus dos vertientes: por un lado, la observación de objetos desde ópticas diferentes, y por otro, la apropiación del punto de vista del objeto mediante la colocación de la cámara en el ojo mismo de éste. Esta experimentación con la prosopopeya del mundo de lo no humano, que Almodóvar comenzó a realizar desde sus primeros trabajos y que se ha convertido ya en puro virtuosismo, es un hermoso ejercicio de lenguaje cinematográfico. En esta secuencia se concreta en el papel que mira al lápiz de Esteban volviéndose transparente, mientras él escribe sobre su madre. Es una muestra de la pasión del director por los encuadres de miradas imposibles, por colocar los ojos del espectador allí donde no habían estado antes, de modo que la imaginación permanezca activa todo el tiempo, ansiosa por ver el nuevo lugar al que quiere llevarla, la próxima posición que va a ocupar en el espacio de la diégesis. De esta forma, Almodóvar puede crear un mundo propio que observa discurrir, un mundo urbano y repleto de escenarios interiores que otorga a los objetos nuevas dimensiones y perspectivas, muchas veces al servicio de los propios personajes y sus entramados personales, que el espectador puede hacer más suyo en lo insólito del mirar.

Otra característica estilística del director que se aprecia ya en esta escena y que recorrerá todo el filme es el uso de un lenguaje natural, lenguaje de calle: « Para hacer la carrera no hacen falta kilos, sino un buen rabo». Las películas de Almodóvar siempre se han caracterizado por su lenguaje poco convencional, a veces tachado de soez, pero innegablemente más coloquial que ese al que el cine nos tiene acostumbrados. También en su última película recurre a la jerga más usual, a las palabras que están en la calle, en lugar de a los eufemismos: puta, polla, maricón, bollera son algunos ejemplos de los vocablos empleados en el filme y que nos acercan mucho más a la realidad, el reconocimiento en ellos es más sencillo que si hubiesen sido rebajados de su carga popular.

Siguiendo con el estudio de esta secuencia, ya en un nivel temático, el espectador intuye lo que se desarrollará a lo largo de la película. La figura de Manuela está siendo abordada con un mimo especial, su personaje se va dibujando poco a poco en sus palabras a Esteban, en las miradas y secretos que ambos se dirigen. Entendimiento del mundo femenino, ésta es, sin duda, una de las bazas fundamentales de sus películas y que le acercan a un amplio espectro de espectadoras femeninas cuando tan difícil resulta para ellas la identificación en el cine convencional. No se puede negar que lo femenino está de moda, al igual que la homosexualidad, pero en Almodóvar esto es más que una moda, si bien con vistas al éxito la conveniencia es obvia. El director es capaz de introducirse en el universo de las mujeres con una comprensión inusitada, con el desgarro y la delicadeza que supone el buceo por unas interioridades tan poco reflejadas, al menos con rigor y acierto, en las pantallas. De ahí que muchas espectadoras se acerquen a su obra, sobre todo a esta última que toca un tema tan cercano a las mujeres. Es cierto que otros directores como Cukor o Bergman han sabido entender el mundo femenino con igual o mayor acierto, pero Almodóvar es capaz de ponerlo en boca de las propias protagonistas, de expresarse a través de las mujeres como pocos lo han podido hacer.

En esencia, las razones del éxito comercial de *Todo sobre mi madre* son numerosas y a ellas debemos sumar una, no específica de Almodóvar en cuanto que característica, pero que contribuye sin duda al triunfo: el recurso al melodrama, tan del gusto del público, pero sin olvidar nunca el humor, convierte sus películas en deudoras de un género diferente, que algunos se han atrevido a tildar de «almodrama», a caballo entre la tragicomedia, el drama y el sainete folletinesco. *Todo sobre mi madre* es, sin duda, un melodrama, pero en el sentido almodovariano, con el humor siempre presente como elemento aliviador y la tendencia a la más pura telenovela en el trazado de algunos de sus argumentos, todo ello aderezado con recursos de corte innovador que la transforman en un género de gran eficacia de cara al público. Como es sabido, el melodrama lleva consigo una apelación al sentimiento, a los sentimientos profundos, algo que el espectador siempre agradece en la medida que le procura tranquilidad y le hace olvidar, incluso al más conservador, ciertos miedos y recelos por los seres y ambientes retratados. Con esta película que invoca al sentimiento, pero sin caer en lo lacrimógeno o dramático, sino desde la concisión y la contención, Almodóvar consigue llegar a sectores de población que antes rehuían sus filmes, pese a que éstos siempre han estado marcados por la misma tendencia. La mayoría de los personajes almodovarianos viven al límite de las emociones, sufren y padecen con desmesura, como Leo en *La flor de mi secreto* o Huma Rojo, que no pueden soportar el desamor y aman desesperadamente a unos sujetos que las rechazan y que apenas merecen ese amor no correspondido. En *Todo sobre mi madre*, sin embargo, lo escabroso es vencido por los sentimientos puros. En fusión con esta idea emerge el localismo universal, porque ésa es una de las grandes capacidades del director, la síntesis de modernidad y tradición, lo que gusta al público, porque le permite abordar lo moderno desde posiciones que conoce, adentrarse en lo insólito desde la comodidad de la tradición.

Estudio crítico

Todo sobre mi madre es una densa obra plagada de guiños y sólidamente elaborada. Desmenuzar sus partes no es un trabajo sencillo por la perfecta soldadura que forman con el engranaje final. Si algo caracteriza esta película es precisamente eso, la delicada labor de unión de tantas piezas diferentes de un puzzle sin que apenas se perciban sus junturas. La primera visión del filme nos da la impresión de una obra unitaria, redonda, y, sin embargo, su valor reside precisamente en la diversidad de la que se nutre. Por ello, mi intención es ir deshojando esos pétalos tan bien engarzados y desenmarañar todas y cada una de las pequeñas historias, personajes, recursos y juegos que le dan la entidad final.

El cuerpo encadenado

Todo sobre mi madre mantiene el orden estructural clásico de exposición, nudo y desenlace, en este caso con tintes especiales, en tanto que resulta marcado por la elección espacial.[1] La introducción de la acción tiene lugar en Madrid, cuando se nos cuenta la muerte de Esteban y la huida de Manuela. Dicha fuga determinará el inicio del nudo de la película, el desarrollo de la acción en el escenario barcelonés. Aquí Manuela tratará de rehacer su vida y encontrar al padre, hasta el desenlace final expresado en un nuevo viaje, repetición exacta del introductorio: tras escapar de nuevo a Madrid, Manuela vuelve a Barcelona para clausurar la narración del mismo modo que ésta había comenzado.

La película nos narra la historia de Manuela, una madre que cuida sola de su hijo y cuya vida se ve truncada cuando éste muere. Por deseo de él decide acudir en busca del padre de Esteban y contarle que tiene un hijo y que ha muerto, de ahí

52

Manuela y Esteban bajo la lluvia poco antes de la muerte de éste

que emprenda el viaje a Barcelona. Allí su vida se entrecruzará con la de otros personajes, relacionados de alguna forma con su propia vida y la del padre de Esteban, y conseguirá la ansiada reunión con éste y el reencuentro consigo misma a través de un hijo adoptado. El desarrollo de la acción narrativa, que ya hemos descrito en Barcelona, cuenta con momentos de inflexión que irán empujando el relato.[2] El momento de inflexión, es decir, de cambio narrativo más importante lo conforma el conocimiento de Manuela de la maternidad de Rosa y de que el padre no es otro que el hombre al que ella busca. A partir de aquí la acción sufre una alteración, pues, a la vez que continúa tras su búsqueda, comienza a interiorizar la idea de una nueva maternidad a través del cuidado de Rosa y luego de su hijo.

El clímax se materializará en el encuentro de Manuela y Lola, el padre que buscaba desde un principio, porque será fundamental para el desenlace. Sabiendo que este encuentro entre ambas era el punto de partida del nudo narrativo, es lógico concluir que también constituirá la parte culminante del mismo, por lo que supone para la consecución del estado de equilibrio que debe acompañar al desenlace.

Una vez vista la estructuración argumental sólo cabe preguntarse en torno a los significantes de esta estructura: ¿qué elemen-

2. Como en cualquier relato, además de exposición, nudo y desenlace contamos con momentos de inflexión y clímax que determinan los cambios en el nudo.

tos internos a la narración determinan el transcurso de ésta? ¿Cómo se ordena el devenir de la acción alrededor de los significantes narrativos? Considero importante, a fin de facilitar la comprensión del análisis, explicar varias ideas básicas sobre el concepto de personaje. Propp describió al personaje basándose en las funciones de la narración, definiendo la función narrativa como la acción de un personaje desde el punto de vista de su significado en el desarrollo de la intriga (PROPP, 1987, 32-33). En su obra, Propp reduce los personajes de los cuentos a puros agentes de la acción narrativa, sólo son vehículos al servicio de la acción. A pesar de que en la película que nos ocupa los personajes están cargados de un contenido psicológico profundo y de una rica variedad de registros, esto no contradice en nada su valor como funciones dentro de la narración. El héroe, el ayudante, el agresor... son algo más que simples términos fabulísticos y adquieren todo su valor en relación con el estudio de las estructuras narrativas, de ahí que no deba extrañarnos el uso de dicha terminología que, como ya he dicho, no implica en ningún momento la usurpación de la riqueza de matices de los personajes almodovarianos.

De esta forma, la acción se desenvuelve alrededor de la idea de ruptura del equilibrio y de necesidad de restablecimiento del mismo, y este significante narrativo tomará cuerpo a través de la estructuración del filme en cadena, en su doble sentido de enlace y clausura: la cadena ata y cierra algo, en este caso el significado simbólico de la película, para no dejar escapar nada, y a la vez une los eslabones entre sí. *Todo sobre mi madre*, al igual que gran parte de las películas de Almodóvar, es una historia de historias de una extremada concinidad discursiva. Bajo el nexo unitario de una tragedia de fondo, la que protagoniza Manuela, los personajes van creando sus propios mundos y sus pequeñas tragedias y enlazándolas a la de Manuela en un juego de azares y casualidades casi imposibles y, sin embargo, absolutamente verosímiles. La estructura de la película no es fácil de determinar, ya que no se trata de un esquema lineal dividido en partes, sino más bien de una concatenación de elementos concéntricos cuyo epicentro se sitúa en Manuela.

Por lo tanto, la estructura del filme se asemeja a una cadena cerrada en la que los eslabones se enlazan en concrescencia, es decir, tan cercanos unos de otros que casi se confunden, aunque guarden toda su individualidad. Las preguntas que debemos plantearnos en este punto, y que trataré de resolver a continuación, son varias: ¿qué elementos forman dichos eslabones y de qué forma se engarzan? ¿Por qué se trata de una cadena cerrada? ¿Qué sentido ofrece al conjunto la estructura en cadena?

En esencia, la historia de Manuela es una historia de relaciones, de cómo éstas marcan su vida y, lo que es más importante, su búsqueda del saber. Todo el relato es una búsqueda constante de lo ausente, como ya explicaré más adelante, búsqueda inconsciente de un saber que Manuela creía adquirido y que se tambalea ante el conocimiento de la muerte. Las relaciones que Manuela va creando (o que el azar crea) a su alrededor irán determinando de una forma u otra su acercamiento a ese conocimiento y al objeto de búsqueda. Con el fin de no complicar la comprensión de la estructura no nos detendremos ahora en analizar qué tipo de conocimiento debe alcanzar Manuela, sólo haremos referencia a él y al padre como meta de la búsqueda. [3]

Dentro de la categoría de relaciones explícitas, las que se nos muestran abiertamente en el relato, la primera relación que marca a Manuela es la relación con su hijo. Se trata de un nexo madre-hijo en una situación de equilibrio, relación que se manifiesta en una sucesión de preguntas y no-respuestas, dudas de Esteban nunca saciadas por su madre, que nos remite a un primer conflicto básico. Éste se expresa en un querer saber de Esteban y un ocultar de Manuela, que esconde en la profundidad de lo simbólico la idea de hueco, de vacío en la vida de Esteban y en la de la propia Manuela. En resumen: el conflicto surge del ansia de conocimiento de Esteban y de los obstáculos de Manuela; pero dentro de la misma relación, del mismo eslabón, la situación se transforma radicalmente.

Desde el momento en que Esteban muere, su curiosidad, su vacío interior, esa parte que falta a su vida —como en las fotos— se traspasa automáticamente a Manuela. Ella que era la obstaculizadora, la agresora, se convierte inmediatamente en la buscadora. El conocimiento que creía poseer y que ocultaba a su hijo se transforma en su propia incomprensión y debe ser ella la que ahora salga en pos del saber que Esteban ansiaba. El vacío se adueña de Manuela. Ya desde un primer momento Manuela sale en busca de algo, en principio del corazón de su hijo, va a La Coruña a ver al trasplantado y su única explicación muestra la total vacuidad a la que se enfrenta: «Me fui tras el corazón de mi hijo». Manuela se da cuenta de la terrible soledad

3. El conocimiento al que accede Manuela, así como el significado de la búsqueda del padre de Esteban y las implicaciones que conllevan, serán analizados más adelante. Ahora sólo interesa la visión de la forma para adentrarnos luego en el fondo.

que la rodea: «Hace dieciocho años hice este mismo trayecto, pero al revés, de Barcelona a Madrid. También venía huyendo, pero no estaba sola. Traía a Esteban dentro de mí». En aquel momento Manuela ya viajaba con el corazón herido, ahora la herida es tan profunda que no parece tener cura. No hay explicación posible para la tragedia que le ha sucedido, para la nada que la embarga. Al entrar en la casa, Manuela se dirige a la habitación de Esteban, la misma donde escenas antes se habían sentado juntos en la cama. Ahora contempla el vacío de la habitación con un rostro igualmente vaciado, con el llanto contenido: el vacío ya se ha extendido como una plaga por su ser.

A partir del acto narrativo de emprender la búsqueda, el primer eslabón relacional se va enlazando con los demás. El segundo eslabón lo forma la relación de Manuela con Agrado. Ella es la primera persona con la que se topa en su viaje al pasado, pues, al tratar de encontrar a Lola, Manuela intenta reencontrarse con su propio pasado. El nuevo objetivo de Manuela se centra en un mecanismo de apertura y cierre, no se puede abrir una nueva puerta sin haber cerrado la anterior, y el encuentro fortuito con Agrado es un paso en la aproximación al ayer.[4] Agrado es para Manuela una presencia apacible y positiva de su pasado, vuelve a ella de inmediato, como si los años no hubieran transcurrido, porque la reconcilia con todo lo agradable que vivió.

4. La importancia del azar quedará debidamente explicada más adelante.

El encuentro con Rosa marcará a Manuela para siempre.

Por lo tanto, Agrado y Manuela son viejas amigas que no se guardan rencores ni olvidos, idea que se expresa en el recuerdo que va envolviendo a Manuela por su reencuentro: «La Barceloneta... ¡Qué tiempos! ¿Te acuerdas?». Y ese recuerdo se plasma en el acercamiento al pasado, ya que Manuela oye por primera vez noticias de Lola gracias a Agrado: «¿Sabes algo de ella?» «¿De Lola?... Sí, por desgracia.» Agrado cumple así funciones de ayudante, ya que puede ofrecer a Manuela claves para el acercamiento al objeto de búsqueda. Además, Agrado ayuda doblemente en cuanto que permite, a su vez, el encuentro entre Manuela y Rosa, que marcará para siempre el desarrollo de la búsqueda.

Esta tercera relación entre Rosa y Manuela cuenta con ciertas peculiaridades respecto a los demás eslabones, por su repetición. Si bien el eslabón de Esteban también aparece dos veces como inicio y clausura, se trata de dos Estébanes diferentes. No es así en el caso de Rosa. El porqué de esta repetición que no se encuentra en las demás relaciones se debe, a mi entender, a la evolución misma de la relación entre ambas mujeres. En un principio Rosa parece mostrarse como ayudante igualmente porque introduce el objeto de búsqueda en la conversación y ofrece a Manuela nuevas pistas: «Estuvo aquí, hará unos cuatro meses. La ayudamos a desintoxicarse. Yo la cuidé durante el mono pero desapareció de la noche a la mañana». Salvo por tratarse de una nueva amistad, el paralelismo con la relación con Agrado parece evidente en un primer momento, ella puede ayudar a Manuela a conseguir trabajo, a encontrar a Lola. La acción parece irse enlazando sin rupturas hacia la consecución del fin. Sin embargo, pronto se revelará que el personaje de Rosa sobrepasa la función de ayudante, va un paso más allá del de Agrado por lo que va a poder ofrecer a Manuela. De ahí que el tercer eslabón encaje y se enganche a la nueva relación de la vida de Manuela, pero no para cerrarse en sí mismo, sino para abrir camino a nuevas posibilidades.

Con la interrupción o enlace del eslabón Huma de por medio, la relación con Rosa vuelve a manifestarse como algo nuevo porque ella es la portadora de la salvación de Manuela, en su seno lleva al «Esteban definitivo». La relación es ahora de hermandad, Rosa y Manuela se llaman hermanas, y esto se expresa en la idea de maternidad compartida: el hijo de Rosa pertenece a ambas.

La cuarta relación es la de Manuela con Huma, que a la vez se sustenta sobre la de la propia Huma con Nina. Una mezcla de azares y pasos precisos lleva a Manuela a presencia de Huma y convierte la relación en un vínculo de jefa-empleada, pero también de amistad y confianza. Esto genera un recuerdo, el recuerdo de la noche en que murió su hijo por conseguir un autógrafo de la que es ahora confidente de Manuela. Este recuerdo no es el mismo que el inspirado por Agrado, ella es la imagen de su pasado lejano, la del objeto de búsqueda, mientras que Huma es la marca viviente de su pasado más cercano, y sin embargo, en Huma se condensan ambos pasados por un hecho tan simple como significativo. Ella interpreta *Un tranvía llamado deseo*, la obra que marcó los dos momentos claves en la vida de Manuela, el conocimiento del padre y la pérdida del hijo, es decir, el pasado lejano y el cercano.

Quizá por ello durante un instante Manuela funde ambos momentos y cree que son el mismo (luego veremos las implicaciones de este pensamiento), que conocer al padre (y negar al padre) y dejar morir al hijo son parte de una misma acción. Si se dirige a Huma, es por esa búsqueda inconsciente de Esteban, de la explicación de la fatal casualidad que encadena su vida a la de esa obra. La relación con Huma propone a Manuela una expiación parcial al conseguir para su Esteban lo que él no pudo, el autógrafo de su diva. Lo interesante de esta breve exculpación es el momento en el que tiene lugar y que muestra el calculado progreso de una estructura tan compleja como lograda. Manuela recibe el autógrafo en presencia de los otros dos miembros de los eslabones precedentes e incluso, aunque indirectamente, del propio Esteban que figura en su foto. Creo que debemos hacer un alto para analizar esta idea y ver cómo afecta al conjunto.

Hemos visto que la estructura de *Todo sobre mi madre* es una estructura en cadena, ya que se determina por las relaciones que Manuela establece. Sin embargo, dentro de esa cadena hay una evolución escalonada, refiriéndonos a la consecución de la búsqueda de Manuela. Si partimos de la base de que Manuela busca al padre y de que cada eslabón supone una ayuda para ella, no es menos verdad que además de una ayuda supone una progresión en su camino. Con Agrado tiene un primer acercamiento a Lola y a los recuerdos, lo que se refuerza enormemente en Rosa, pues ella reproduce la vida de Manuela, se queda embarazada de Lola y la pierde de vista aunque sea por diferentes motivos; Manuela está unos pasos más cerca de la reestructuración de su equilibrio en tanto que Esteban está en camino y Rosa es su portadora. Con Huma llegan ya los primeros visos de salvación: Manuela consigue el autógrafo que la ayuda a cerrar una de las puertas inconclusas y la acercan más al equilibrio. De ahí que, en este avance hacia arriba, el momento de máxima expiación llegue de la mano de todos los eslabones presentes en la cadena, pues ya sólo falta el más importante, el nuevo Esteban que rematará la búsqueda. Por ello, Almodóvar introduce a esos cuatro seres vitales (y a la imagen de Esteban en el portarretratos siempre presente) en un pequeño e íntimo círculo para que todas esas partes diferenciadas de la vida de Manuela se unan y comiencen a adquirir sentido.

En la cumbre de este devenir escalonado encontramos la última relación explícita de Manuela con Esteban III. El hijo le llega a través de la muerte de la madre, y a través de la muerte de su propio hijo, pues sin ella nunca lo habría conocido. De nuevo Manuela se convierte en madre, adopta a este hijo aun arrebatándoselo a sus abuelos para protegerlo. A través de esta nueva maternidad y de la sinceridad con la que se enfrenta a ella, Manuela adquiere el conocimiento que le permite restablecer la situación de equilibrio inicial: la ausencia se convierte en presencia. La ausencia del hijo se hace presencia en el nuevo hijo, la ausencia del padre, del conocimiento del padre, se hace presencia en ese nuevo conocimiento que Manuela posee y que va a transmitir a su hijo adoptivo.

En resumen, hasta este punto la estructura se redondea a sí misma ya que el final nos mueve hasta la situación inicial: vuelve el hijo y vuelve el equilibrio, el último eslabón y el primero se engarzan y cierran el círculo, la cadena. Incluso la muerte parece haber sido vencida: «Mi Esteban ha negativizado el virus en un tiempo récord y quieren investigarlo. Estoy tan contenta…». Para clausurar la narración sólo es posible volver a unir todos los eslabones de la cadena en la segunda y definitiva expiación, al igual que se hiciera en la primera. Si en aquella el nuevo Esteban estaba presente en el vientre de su madre, esta vez es ella la que se hace presente en su propio hijo. Por lo demás, los mismos personajes se reúnen para confirmar la solidez de la estructura, el restablecimiento del equilibrio —incluso la foto de Esteban está presente— y la ausencia de Lola, como en la otra ocasión, se confirma más por las palabras de Huma: «Lola me la dio antes de morir». Esta vez el centro unificador es el camerino, ese lugar íntimo donde afloran las verdades que en el escenario se ocultan. Pero de eso hablaré más adelante.

No podemos olvidar que, al margen de esta estructura de eslabones explícita, es decir, formada por relaciones que se evidencian en la pantalla, existen dos relaciones que sólo se nos presentan de forma indirecta, pero que marcan el relato. Lola es el eje de estas dos relaciones, eslabones implícitos, con Manuela primero y con Rosa después, y por ello es la artífice de la existencia de los tres Estébanes. Ella misma es el primer Esteban, el que se casó con Manuela hace años y la dejó esperando a su segundo Esteban. Tras la muerte de ambos el tercer Esteban, el hijo de Rosa y Lola, queda como el Esteban definitivo. Tres muertes han hecho falta para que Manuela recobre su equilibrio perdido, para que llegue a conocer. La salvación del tercer Esteban le trae la suya propia, como ya vaticinó Rosa: «Espero que el tercer Esteban sea para ti el definitivo […] Lola fue el primero. Y tu hijo el segundo».

La primera relación Manuela-Lola es la de mujer y marido, reflejada primero en la ilusión, en el desconocimiento y en la consiguiente perplejidad. Manuela se da cuenta del poco saber que posee, del desconocimiento, pero lo acepta porque ama y teme: «Exceptuando las tetas nuevas su marido no había cambiado tanto. Así que acabó aceptándole. Las mujeres hacemos cualquier cosa con tal de no estar solas». El miedo a la soledad la retiene y sólo el conocimiento de que no estará sola, de que lleva un ser dentro, le dará el valor para alejarse. Por eso, al perder ese sustento su mundo se hunde. Si huyendo de la soledad se fugó una vez, ahora se fuga otra vez para escapar nuevamente de ella. Y aquella Lola que una vez pudo quitarle la felicidad y dársela al mismo tiempo, a través de la muerte consigue sacarla de la soledad con el nuevo hijo que deja huérfano en el mundo.

De esta manera, las dos relaciones que parecen comentarse sólo entre susurros en el filme, se convierten en ejes fundamentales de las relaciones establecidas explícitamente. Excepto Huma todos tienen una relación más o menos directa con Lola, relaciones de las que se habla pero que no se ven, como un secreto que comparten y callan a la vez, es la voz del ausente hecho presencia a través de todos los personajes, inaccesible, pero con su marca puesta en todos los rincones. Sólo su auténtica y definitiva ausencia, la de la muerte, puede traer la calma y consolidar la estructura del filme.

A fin de facilitar la lectura trataré de hacer un esquema que reconstruya la conformación estructural de la película.

— Dos categorías: explícita e implícita.

Relaciones-eslabones explícitas

A   Manuela - Esteban II

    A1. Madre-hijo
    A2. No respuestas-preguntas
    A3. Ocultar-querer saber
    A4. Vacío, ausencia

B   Manuela - Agrado

    B1. Antiguas amigas
    B2. Recuerdo
    B3. Vuelta al pasado
    B4. Primer acercamiento al objeto de búsqueda

C   Manuela - Rosa

    C1. Nueva amistad
    C2. Ayuda
    C3. Instinto maternal
    C4. Acercamiento al objeto

D   Manuela - Huma

    D1. Empleada-jefa, amistad
    D2. Doble recuerdo (cercano/Esteban lejano/obra)
    D3. Búsqueda inconsciente del deseo de Esteban
    D4. Expiación parcial

E   Manuela - Rosa

    E1. Hermandad

E2. Maternidad compartida

E3. Resurrección de la maternidad

E4. Acercamiento a la expiación total

F **Manuela · Esteban III**

F1. Madre-hijo

F2. Sinceridad

F3. Saber

F4. Equilibrio, presencia

Relaciones-eslabones implícitas

G **Manuela · Lola**

G1. Mujer-marido

G2. Ilusión, desconocimiento

G3. Miedo a la soledad

G4. Huida, ausencia

H **Rosa · Lola**

H1. Amantes

H2. Embarazo

H3. Muerte

H4. Vida y salvación

Al margen de estas relaciones fundamentales del filme, dentro de ellas (dentro de los eslabones de la cadena) existen otra serie de relaciones entre alguno de los miembros de la primera y algún miembro de su vida, que afectan directamente a Manuela. El ejemplo más claro se muestra en la hermana Rosa y en su relación con sus padres. Es evidente la imposibilidad de comunicación con el padre, pero no es menos cierto que la relación con su madre es igualmente imposible. Desde el primer momento que se las ve juntas el filme las envuelve en una aureola de vacío y frialdad. Una escena define perfectamente esto: la del primer confrontamiento que tiene lugar en la casa de los padres de Rosa cuando ésta lleva a Manuela. El hogar, en vez de un sitio acogedor y cálido, es un piso de grandes dimensiones, con pocos muebles y envuelto en una luz amarillenta y mortecina como la relación entre esas dos mujeres. Es un lugar frío, a pesar de la belleza de sus detalles modernistas, que más parece separar que unir a madre e hija. Rodeadas de imitaciones de cuadros, su conversación parece ser también la copia de algo real que no acaban de encontrar.

Rosa no entiende las razones de su hija, la hermana Rosa no puede afrontar el egoísmo de su madre. Ambas se quieren pero se desconocen totalmente. En la última secuencia, cuando Rosa se encamina al *hall*, dejando atrás la incomprensión de su madre, un *travelling* desde una silla vacía con dos asientos de madera se arrastra hasta Rosa, que la contempla extrañada. Confiaba en encontrar a Manuela esperándola, pero la visión de la silla, una silla no casualmente doble, le recuerda el propio vacío de su relación materna. Allí deberían sentarse ellas y cogerse de las manos, pero el recibidor muestra su máxima desnudez en esa vacuidad de la madera. Esta fallida relación repercute directamente en la que establecerán Manuela y Rosa, ya que Manuela acabará adoptando a Rosa como una hija. Su amor de madre recién cortado se reflejará en esa niña-madre que tan alejada está de los suyos.

Otro ejemplo es la relación de Huma y Nina, y cómo ésta determina su otra relación con Manuela. Manuela conoce directamente a Huma cuando se halla en una búsqueda desesperada de Nina, y esto marcará toda la historia. Nina aparece siempre como un fantasma, un ser irreal, ya que sólo se hace presente en situaciones irreales o de aparente irrealidad, es decir, en el teatro, tanto en el escenario que expresa la ficción como en el camerino, de noche o drogada. Nunca se nos ofrece una escena con Nina a la luz del día, fuera de los focos que acompañan su mentira. Porque su vida es eso, una gran mentira, en la que se engaña a sí misma con la droga, con el amor de Huma (que luego cambiará por el de un hombre), con el escondite nocturno. Esta visión casi vampírica de Nina se refleja en Huma, a la que realmente parece estar absorbiendo la sangre. Nina se viste del rojo sangre que extrae de Huma y huye, Huma corre detrás de ella en ese incesante anhelo del objeto de deseo. Ya veremos más adelante que esta relación supera lo puramente pasional y se convierte en una relación maternal, donde Huma adquirirá carácter de protectora.

La relación de las dos actrices determina a su vez la de Manuela con Huma, ya que se hace imprescindible para ella desde el momento en que es capaz de acercarle a Nina aunque sólo sea un instante. De modo que las relaciones de Manuela se van nutriendo de la necesidad, del fracaso de otras relaciones que arrastran a las protagonistas al lado de Manuela. La película tiende sus redes hacia la conexión de las partes entre sí, además de consigo mismas.

En el corazón del tiempo

La película hace gala de una gran aparente sencillez en lo que se refiere al montaje. La continuidad de los planos es de una linealidad temporal casi absoluta (sólo rota por dos *flash-backs*), vamos conociendo las historias según suceden en el tiempo, sin retrocesos. Hay muy escasos momentos en los que la simultaneidad deba ser expresada, como si lo que existiese fuera únicamente lo que vemos en la pantalla y ninguna acción paralela debiese ser mostrada. Uno de estos momentos está protagonizado por Agrado, como ya explicaremos, porque su misión es la de válvula de escape dentro del dramatismo de la acción. Se trata de la escena en la que Mario le pide que le alivie el nerviosismo a través del sexo oral, que se alterna en el montaje con la secuencia de la madre de Rosa hablando con su hija en casa de Manuela. El carácter cómico de la primera tratará de apaciguar el dramatismo de los acontecimientos, por lo que no puede decirse que la linealidad se rompa tanto por la necesidad de descripción de dos realidades paralelas, como por necesidades internas de alivio tensivo en el relato, función que portará en repetidas ocasiones el personaje de Agrado.

Igualmente, dos *flash-backs* rompen esta linealidad. Ambos hacen referencia a Esteban, el hijo muerto, y sus protagonistas son Manuela y Huma. Cuando Manuela se dirige al teatro a ver *Un tranvía llamado deseo*, se le aparece la imagen de su hijo, esperándola al otro lado de la calle como el día que falleció. Cuando narra la historia a las actrices en el camerino, Huma tiene la misma visión, pero de Esteban golpeando los cristales de su coche. El impacto de este *flash-back* es aún mayor porque en él se oyen perfectamente los sonidos del aporreo del cristal y los gritos de Esteban llamando a Huma, y el sonido, esta vez en forma no diegética, continúa escuchándose cuando lo único que vemos ya es el rostro desencajado de la actriz. Los dos *flash-backs* cumplen una función evocadora, traen el recuerdo de Esteban, más bien el recuerdo de su muerte, pues ambos suceden ese aciago día. Parece curioso que Manuela no evoque a su hijo en otra situación más alegre, en la cama, en el sofá junto a ella, en los momentos felices... Lo que se pretende es hacer la muerte de Esteban presente en todo momento, pululando en el relato.

En la narración hay igualmente varias elipsis temporales, cinco de ellas explícitamente expresadas mediante subtítulos. La primera tiene lugar tras la escena del trasplante, cuando el subtítulo *Tres semanas después* trasladará a Manuela a la Coruña, en busca del corazón de su hijo. Las letras, siempre en rojo, aparecen sobre un fondo blanco, como expresión de la aséptica blancura de todo lo relacionado con hospitales en contraposición a los sentimientos tan humanos que embargan a Manuela. El siguiente lapso temporal explicitado llega de la mano de Huma, después de dos semanas trabajando con ella, que se muestran con las mismas letras rojas esta vez sobre las fotos de las actrices en el camerino, Manuela se despide. El tercero, mucho menos concreto, imprime en blanco *Meses después* sobre la barriga embarazada de Rosa. Por el tamaño de su tripa se imagina el paso del tiempo. Tras el entierro de Rosa y esa primera conversación de Lola y Manuela en el cementerio, llega el cuarto subtítulo, con sus letras rojas sobre un parque de Barcelona, que indica que ha pasado un mes y precede al encuentro entre Lola y Manuela en un bar, donde conocerá a su hijo vivo y a su hijo muerto en foto. La última elipsis, la que cubre el periodo más largo (dos años) nos ofrece el desenlace de la película, Manuela de vuelta con su niño, por el que también se aprecia el paso de los años. El título se coloca entre las dos vías de tren, esas que marcan las idas y venidas de Manuela de las que ya hemos hablado.

Es interesante que el director haya escogido un recurso tan común como el uso de subtítulos para la superación de la elipsis temporal, sobre todo en casos en los que la información no es necesaria para el devenir del relato y la comprensión del mismo. De ahí que deduzcamos que los subtítulos son un mecanismo voluntario y estético por parte de Almodóvar para reforzar los trasvases más importantes en la historia, los momentos de cambio fundamentales en los que la acción sufre algún giro (puntos de giro o nudos de la trama en términos de guión). El primero, en La Coruña, determina la decisión de Manuela de huir ya que se da cuenta de que no puede seguir así, eterna-

mente tras el corazón de su hijo: «Lo mejor es que deje de trabajar en la ONT y me vaya de Madrid». De esta manera clausura
la parte introductoria del filme y nos adentra en lo que supone
el nudo del mismo, la vida de Manuela en Barcelona y el roce
con los personajes que nos va a ir presentando.

La segunda vuelta de hoja viene dada por la despedida de
Manuela de su trabajo con Huma. Éste es un momento vital narrativamente porque supone la confesión de Manuela ante las
dos mujeres y la consiguiente decisión de Huma de entregarle
el autógrafo. La expiación parcial de Manuela, el comienzo de
su salvación, tiene lugar en la escena que sigue a la de los subtítulos, de forma que éstos nos ofrecen de nuevo una pista sobre el momento culminante de la acción. Este clímax da un
nuevo cambio con el empeoramiento de la situación de Rosa,
introducido otra vez por los subtítulos, cuando la vemos postra-
da en cama, totalmente asistida por Manuela, enfermera y madre a un tiempo. También en este momento tiene lugar el
encuentro con la madre, ese primer acercamiento entre las dos
Rosas, madre e hija, que no se había producido antes. Con los
subtítulos le llega el conocimiento a Rosa madre de la situación
de su hija, la posibilidad de mirarla a los ojos y hablar con ella.

El encuentro con el padre esta vez es el motivo de los siguientes subtítulos que unen a Lola con la imagen de sus dos
hijos, su bebé y el recuerdo en foto de Esteban. La importancia
del momento es reforzada por esas letras, de otro modo susti-
tuibles, pues poco importa esa elipsis temporal en cuanto al
tiempo que representa *per se*, ya que un mes o dos meses no
parecen aportar nada al discurso. La última elipsis, la más importante como clausuradora, nos lleva al fin mismo del trayecto
de Manuela, a su reencuentro con el territorio del padre y del
nuevo hijo, Barcelona, y de las personas importantes en él. Ya
hemos comentado el carácter de esta introducción de los títulos
sobre la vía del tren, la significación implícita en un filme que
hace de los viajes la esencia misma de su estructura, ya que incluso las idas y venidas adquieren una forma circular, de rueda
o cadena, en la que todo fluye, todo vuelve.

En conclusión, resulta llamativo que Almodóvar escoja los
títulos como recurso reforzador en los momentos en los que la
acción está a punto de sufrir un giro, de forma que ninguno es
arbitrario, sino que su lugar de colocación queda perfectamente
estudiado, incluso la posición que van ocupando indica la idea

circular: en el centro, a la derecha, a la izquierda, de nuevo en el centro mismo del encuadre, como si en ellos también se operaran esas reglas de circularidad que afectan al destino. Con ello se intenta mostrar que es precisamente el paso del tiempo, tiempo donde el azar puede jugar sus bazas, el que determina la acción del destino. Si llegan los cambios, las resoluciones es por la capacidad de las protagonistas para saber esperar, para enfrentarse a una vida (tiempo al fin y al cabo) que parecía haberles dado la espalda, pero que de una u otra forma vuelve a encararse con ellas.

Un viaje con retorno

La singularidad de la estructura de introducción, nudo y desenlace radica en la forma que adquiere esa expresión. Hay cuatro viajes en la vida de Manuela. El primero lo realiza fuera de la narración, cuando aún vivía con Esteban padre en Barcelona y huye de él para ir a Madrid con su hijo en el vientre. Madrid se convierte entonces en el terreno de Esteban hijo, que abandonará para volver a Barcelona. Una nueva huida a Madrid y la vuelta a Barcelona conformarán los viajes de Manuela. La introducción tiene lugar en Madrid, cuando se nos cuenta la muerte de Esteban y la huida de Manuela. El tren, símbolo tan cinematográfico, adquiere aquí dimensiones casi míticas. Al tomar ese tren, Manuela dice adiós a su vida y se adentra en una búsqueda del pasado y del consuelo que la conducirá hasta Barcelona. El paso por el túnel, ese agujero negro que la engulle y la traspasa de un mundo a otro, nos muestra su introducción en un territorio diferente, casi fantasmagórico en principio.

Todo el desarrollo (el nudo) del filme tiene lugar aquí, hasta la nueva huida de Manuela, marcada por ese espacio recurrente del túnel y el tren. El fundido del redondel negro de la papelera con el túnel transporta a Manuela de nuevo a la búsqueda del equilibrio con su nuevo hijo. La transición está exquisitamente expresada en el nivel formal: un plano de Manuela en el tren con un bebé en brazos va seguido de la imagen de dos vías de tren paralelas y el paso de un tren que sabemos rumbo a Madrid. Por un momento la cámara se detiene en la contemplación de las vías vacías, y en ese momento otro tren, en dirección contraria, y el subtítulo que muestra el paso del tiempo, nos lleva a la misma escena de Manuela en el tren, esta vez con un niño de dos años, el peinado diferente, la sonrisa en el rostro. El periplo de Manuela ha durado apenas unos segundos para nosotros, pero claramente apreciamos todo lo que ha supuesto para ella, reiterado por la voz en *off* que nos va narrando los acontecimientos. La geometría del destino se muestra en las puras formas lineales de la vía. En mi opinión estamos ante uno de los recursos más cinematográficos que exhibe el filme, la estructura muestra sus propias armas de enlace en una gran unión de signos.

El espacio de la narración también está claramente diferenciado en dos escenarios, Madrid y Barcelona, que marcan las huidas de Manuela. Hace años Manuela huyó de Barcelona escapando del padre de su hijo. Hoy vuelve a esa Barcelona para buscarle, por lo tanto Barcelona se convierte en la ciudad del pasado y en la del futuro, al contrario de Madrid, que ha sido la del dolor. Madrid es el territorio del hijo y Barcelona el del padre, y el del que pronto será el nuevo hijo, dos terrenos irreconciliables. Mientras el hijo vivía, el viaje a Barcelona parecía impensable, con el hijo muerto lo absurdo es quedarse en un Madrid plagado de recuerdos y dolor. La narración, según la conocemos, comienza precisamente en Madrid, una ciudad que nos aparece de noche, bajo la lluvia, siempre oscura y lúgubre en tanto que representa la muerte de la ilusión, la muerte de Esteban. En su viaje a Barcelona en principio se nos vuelve a mostrar una ciudad nocturna, plagada de luces, pero según Manuela va comenzando su nueva vida también la ciudad va abriendo su abanico de colores y culturas. Los edificios modernistas, la fauna urbana tan variopinta (la inclusión de la escena en que unas niñas saltan a la comba es muestra de ello), el mar siempre de fondo, incluso en la muerte de Rosa en el hospital, nos ofrecen una ciudad amable, más acogedora, como empezará a serlo la vida para Manuela.

La otra huida de Manuela no pasa ya por la necesidad de mostrarnos de nuevo Madrid. En realidad Manuela no busca ya nada allí, tiene lo que quiere, a su hijo; de ahí que Madrid no se convierta en el destino sino en una parada más antes de volver a Barcelona. Y es que allí es donde ha recuperado el equilibrio, donde deberá volver con Esteban sin huir, esta vez, de nada. En esencia, los diversos territorios, incluido el de la Coruña, hogar del corazón de Esteban, son el reflejo del mundo interior de los personajes. Más que espacios externos de vivencias se convierten en universos interiores de sensaciones y sentimientos: Barcelona se vive a través de las sensaciones que nos produce. Las imágenes la representan de igual forma que representan a Manuela, a partir de indicios de sus sentimientos en cada momento, de los estímulos que producen en el espectador los pequeños detalles, gestos, miradas, como las miradas mismas que se ofrecen sobre la ciudad.[5]

En esta línea, hay una característica llamativa de la presentación de los diferentes espacios, directamente relacionada con la presentación de los personajes, y es el paralelismo que se establece entre la introducción de personajes en la vida de Manuela y la asimilación, estructurada de forma igual al menos en los tres primeros casos, de los espacios como parte de esa misma persona. Agrado, Rosa y Huma son introducidas una tras otra siguiendo una linealidad en la muestra de los espacios que rodean sus vidas, es decir, de los espacios que forman parte de sí mismas. Las tres son presentadas por primera vez ejerciendo su trabajo y en el lugar que les corresponde según éste. Inmediatamente después nos es mostrado ese otro espacio íntimo de sus vidas, sus casas, excepto en el caso de Huma que suponemos en un hotel y que mediante esta omisión queda totalmente vinculada al camerino; su vida, incluso la íntima, es el teatro. Después de esto tenemos una introducción del personaje en el espacio común que supone la calle. Una vez colocadas en su propio sitio son expuestas al que pertenece a todo el mundo, como si fueran desnudadas primero y dejadas libres después para actuar con total autonomía. Por último, todas pasan por casa de Manuela, por su espacio, como si hubiesen de atravesar el filtro de la vida de esta dolorida madre para poder retomar la suya propia. La influencia de Manuela en estas mujeres quedará patente, ellas se posicionarán bajo su mirada, bajo su tutela, habrán de descansar un momento en su lugar íntimo para poder continuar su camino.

El hecho de que todas ellas sean presentadas de igual forma, siempre individualmente, antes de coincidir en el espacio de Manuela, revela una gran minuciosidad y equilibrio estructural. Agrado se nos muestra en su lugar de trabajo, durante la noche barcelonesa, la de las prostitutas y travestis que la pueblan. De hecho, con el fin de llegar a ella, la cámara aprovecha para realizar un recorrido por las luces y el ambiente nocturno

5. En realidad, Almodóvar también huye de Madrid, cambia de escenario con una clara intención de dar un nuevo giro a su obra.

Manuela a punto de quedar abandonada a su soledad.

de una ciudad que acaba de aparecerse ante nuestros ojos. Ahí encontramos a Agrado, vapuleada por un cliente y salvada por Manuela. Las mujeres abandonarán este espacio para pasar al de la casa de Agrado donde vamos conociendo algo más sobre esta mujer, y en el que también podremos empezar a poner rostro a Lola por su foto enmarcada sobre la mesa. En esta secuencia introductoria de Agrado ésta se nos presentará por último a la luz del día, sin tapujos ni escondites nocturnos, se muestra tal como es. Sin embargo, no sólo Agrado es presentada a través de los espacios, sino que éstos se exhiben a través de ella: la nocturnidad nebulosa, el preciosismo artístico de las columnas de su casa, la calle de día.

El mismo proceso se sigue para trazar el dibujo del personaje de Rosa. Si bien ya habíamos tenido la posibilidad de verla en un fugaz plano nocturno en el mismo lugar de Agrado, también espacio de trabajo de Rosa aunque de otra forma, ahora se nos aparece en plena labor, en el centro de las monjas donde cuida a niños y a quien necesite de su ayuda. Después de la conversación que ambas mujeres tendrán con ella allí, Manuela la acompaña hasta casa de sus padres, ese lugar tan personal que conforma el hogar. Allí la vemos moverse por su otro espacio, permitiéndonos sacar nuestras propias conclusiones sobre su origen y evolución vital, de dónde viene Rosa y dónde está ahora, a la vez que nos brinda un deleite estético, ya que con Rosa (con ambas Rosas) se expone la belleza del modernismo, tan determinante en la ciudad de Barcelona. El portal y la casa son una señal de esta elegancia algo deteriorada, quizá por eso más hermosa. Lo que se nos enseñará después, ya en la calle, será la Barcelona Habanera, el paseo por sus calles, por la plaza d'Allada i Vermell y la riqueza de gentes y colores que se mueven por ellas. De igual forma, Rosa se nos va mostrando, dulce y frágil como una niña más de esas que saltan a la comba, enferma y pálida, necesitada de apoyo. Será la primera que acabe en casa de Manuela, que busque refugio en ella con más avidez porque a lo que se enfrenta es a la propia muerte.

Por último, Huma también es presentada en su trabajo doblemente, en cuanto que también hace las veces de hogar, cuando Manuela acuda con Esteban al teatro madrileño y cuando lo haga, esta vez sola, en Barcelona. Sus dotes artísticas, su capacidad en el trabajo se exhiben en todo momento, pero también su angustia vital, principales características de su vida, se nos muestra en cuanto abordamos el espacio íntimo del camerino. Ahí es donde busca desesperadamente a Nina, busca incesante del amor, de ese objeto deseado, y donde arrastra a Manuela de nuevo a la noche Barcelonesa. Porque la noche sí es el lugar de esa Nina vampírica de la que hablaremos y, por lo tanto, de la Huma que la sigue a donde haga falta. En este periplo nocturno la personalidad de Huma, sus pesares, se nos van abriendo como una flor, ella desgrana sus secretos entre el humo del cigarro, extensión ya de su propio cuerpo vaporoso, y nos permite vislumbrar otra vez esos recovecos de la ciudad envueltos en sombras. La incapacidad de Huma para enfrentarse a la realidad se hace patente en la calle, lejos del resguardo del teatro. No sabe conducir, ni moverse entre los diferentes ambientes en los que Manuela se desenvuelve sin problemas. En ningún momento abandonará el coche, ni siquiera cuando vea a Nina trapicheando, como un animalillo asustado a quien no han enseñado a vivir. Es la encarnación del éxito profesional y del fracaso vital.

Al igual que Agrado y Rosa, aunque más tarde que ésta última, Huma terminará en casa de Manuela, buscando un perdón o una salvación a los que no será capaz de acogerse, pero que necesita. También Manuela será su muleta en cierta forma, tal como escribe a Esteban en ese autógrafo que nunca pudo entregarle y que deposita en manos de su madre cuando las cuatro mujeres se reúnen en su casa: «Éste es el autógrafo que nunca pude entregarte. Y no porque tú no lo intentaras. Supongo que adorarás a tu madre. En eso estamos de acuerdo».

Nos hemos referido a la presentación de las mujeres que tomarán parte en la vida de Manuela, pero ¿qué es lo que ocurre con la figura de Manuela? Ella es, desde luego, la primera que nos es presentada, y su aparición coincide plenamente con el esquema que tendrán luego el resto de los personajes. Manuela se da a conocer en su trabajo, atendiendo a los enfermos, para pasar inmediatamente a su hogar, su pequeño refugio donde convive con el hijo al que tanto ama. Las escenas familiares, acogedoras, la intimidad de la habitación de Esteban, nos remiten a esa situación de equilibrio y estabilidad que caracteriza la vida de Manuela antes de la crisis. De nuevo su trabajo nos es descrito con mayor minuciosidad, en plena dramatización de una donación de órganos, situación que deberá vivir ella en breve. Madrid también se muestra entre la noche y la lluvia que envuelven a Manuela, aunque se trata de una aparición breve y sutil, pues Madrid es el territorio del hijo y debe morir con él, no puede volver a existir cuando Esteban ya no lo hace.

Como vemos, el esquema seguido es perfecto, y la identificación de los espacios y las personas no termina en la mera introducción de personajes, sino que se mantiene a lo largo del filme. Una vez que Rosa nos es presentada y su desgracia se hace patente, tan sólo la veremos en los dos lugares que conformarán su destino, la casa de Manuela y el hospital. En casa de Manuela nos aparece al final en una habitación oscura y cerrada, premonición ya de su prematura muerte, y en el hospital la sombra de la cruz la arrastrará ya directamente al cementerio. Su última visualización se hace dejándola mirar a la ventana, al mar, y a la muerte. Tampoco Huma volverá a surgir en otro lugar que no sea el escenario o el camerino, de forma que se refuerce la sensación de reducción de su vida a éstos. Si su vida personal es un fracaso, una fuente de dolor, qué mejor manera de ilustrarlo que cerrarle las puertas y tocarlo sólo de pasada, en las palabras de Huma, en su angustia, en su única liberación: la escénica.

Agrado será el único personaje, aparte de Manuela, que se permite compartir todos los espacios, vivir todos los lugares, noche, día, calle, casa, camerino e incluso escenario. Porque

71

ella será siempre la excepción, como encarnación de la libertad, del encuentro consigo misma. A través, precisamente, de la creación de sí misma, del desahogo de la tensión, será capaz de vivir en todas partes, de llevar su vida a todos los rincones porque acepta cada recoveco de ella. Agrado es el contrapunto y por eso todos los espacios se reúnen en ella, todo cabe en su persona porque ella deja lugar. Queriendo ser agradable a los demás se introduce en los espacios de todo el mundo. Pero de Agrado hablaremos más adelante.

En resumen, en el filme el espacio conforma una nueva realidad que envuelve a los personajes. Ellos determinan el espacio de la misma manera que éste los determina a ellos, de forma que llega a ser tan importante como la palabra. La maestría de Almodóvar para dibujar localizaciones, en este caso en su maravilloso descubrimiento barcelonés. El director, amante sobre todo de los espacios interiores que considera expresión máxima del cine, se recrea también en los exteriores modernistas de la ciudad, tan en consonancia con sus concepciones estéticas, donde el más mínimo detalle se ha cuidado y estudiado al máximo. Como ejemplo, se puede decir que incluso los azulejos de la cocina de Manuela en Madrid, son una copia de unos que adornaban uno de los portales de Barcelona y que Almodóvar quiso realizar exactamente igual. Nada queda al azar en su distribución racional del espacio para que luz, color, muebles y elementos decorativos conformen un todo que identifica el cine almodovariano frente a los demás y lo distingue no sólo por el contenido, sino por la forma.

La luz siempre se estructura en función de unos colores base muy limpios y bien determinados, saturados la mayoría de las veces. El rojo de la habitación de Esteban queda mitigado por las sombras y las luces localizadas que provienen de la noche misma y de las lámparas. Nunca se mostrará su habitación de día, en toda su plenitud de colores, porque es la habitación de un muerto, no puede haber vida, ni siquiera cromática, donde va a haber tanto dolor. Si el color es la prolongación del dolor de sus personajes, de su estado anímico, la luz no puede refulgir en el refugio de los que van a morir. Por ello tampoco brilla en la que será habitación de Rosa en casa de Manuela, ni en ese rincón del bar donde se sentará Lola envuelta por una luz interior muerta, no lo suficientemente fuerte y vital como para ser diurna, pese a que claramente vemos que en el exterior es de día.

El arte cobra valor, como en tantos filmes de Almodóvar, en *Todo sobre mi madre*, precisamente en esa conformación de espacios y decoraciones. El gran cartel de Huma, característico de su amor por la publicidad y la cultura pop, las pinturas sudamericanas o los Chagall falsificados, las columnas, zócalos y puertas modernistas. Como siempre el *kitsch* forma parte de su obra, maximizado en ese papel pintado de las paredes de la casa barcelonesa de Manuela, tan típico del gusto de los años sesenta, en su sofá, en el vestido que le prestará Agrado, mientras ella luce un Channel falso. Son espacios y decorados que reflejan, en la mayoría de los casos, el *status* social de los personajes, como el piso modernista de la madre de Rosa que la inscribe en la clase alta de la burguesía barcelonesa, o el piso moderno y funcional de Manuela en Madrid, típico de una mujer actual, trabajadora, práctica pero que hace gala de preocupación por el diseño (tan en consonancia con la obsesión del director).

En definitiva, el espacio se convierte, una vez más, en una parte fundamental en la obra de Almodóvar, tanto los espacios interiores como los exteriores, donde la más mínima localización está milimétricamente estudiada. Recordemos, por ejemplo, el cementerio con aire de romanticismo decimonónico, con esas cruces y escaleras fantasmales entre las que se nos presenta a Lola como a un vampiro moribundo. El espacio pasa de ser el lugar donde ocurre la narración a convertirse en determinante mismo de esa narración, en reflejo, en los decorados interiores y coloristas, de los interiores mismos de los personajes, de sus sentimientos y frustraciones, de las características de sus vidas. Personaje y ambiente se corresponden, se ayudan, se influyen en gran medida y se funden en uno en tanto que poseen una dependencia mutua de la que no pueden escapar fácilmente.

La maternidad herida

Uno de los grandes temas de la película es, sin duda, la maternidad (la maternidad herida, en palabras del director): el mismo título hace referencia a la necesidad del conocimiento de la madre. Hay dos aspectos o visiones fundamentales de la maternidad que desearía explicar antes de adentrarme en la mirada de Almodóvar a la misma, a fin de hacer ésta más comprensible. El cine tradi-

Manuela y Rosa, las dos madres cuya maternidad se verá truncada.

cional y patriarcal en su expresión cinematográfica ha mantenido a la madre siempre ajena a la sexualidad de forma que adquiera tintes no amenazadores para el hombre. Esto es así, porque se ha centrado en una visión simbólica y conservadora de la maternidad; dicho de otra forma: el patriarcado ve la maternidad como el deseo de tener un hijo del padre, de su propio padre. De esta manera se suprime todo deseo femenino por el hijo y el hombre recupera el proceso en su represión total de la sexualidad femenina, del deseo por algo que no sea el propio padre.

El Edipo, por ser lo que es —la encrucijada estructurante decisiva de la persona social— es vivido por la niña que, aún no madura fisiológicamente pero sabiéndose futura mujer, quiere gozar ya de los poderes de una mujer socialmente reconocida como tal, poseedora de un niño vivo, don de su padre, cuyo fruto simbólico desea portar como prenda visible de su feminidad reconocida y fecundada por él.[6]

En este sentido, el hijo actúa casi como sustituto fálico de la presencia del padre, una especie de transposición de la fetichización a la que los hombres someten a las mujeres y que éstas reflejan en la propia fetichización del hijo.

6. En el libro de Ann Kaplan citando a Françoise Dolto.

74

Sin embargo, existe otro aspecto no simbólico de la mat nidad que ofrece a la mujer una superación de las limitaciones patriarcales. En palabras de Kristeva «el cuerpo de la madre [...] es un cuerpo al que aspiran las mujeres porque carece de pene [...] Al dar a luz la mujer entra en contacto con su madre; se convierte en su propia madre; son la misma continuidad que se diferencia de sí misma» (KRISTEVA, *op. cit.*). Este tipo de maternidad es el que refleja *Todo sobre mi madre*, una maternidad no simbólica instaurada en el reino de las construcciones teóricas elaboradas alrededor del tema de la diferenciación sexual. Sin embargo, su dibujo presenta ciertas particularidades sorprendentes e increíblemente rupturistas en lo que se refiere a la concepción del universo paterno (lo que se denominará «orden simbólico») que iremos analizando.

Para Manuela, la llegada de la maternidad supone una ruptura total con el padre. Ella que había sido capaz de aceptar a un hombre desexualizado, que contra toda norma lucha y se queda a su lado, se ve obligada a abandonarle en cuanto siente la amenaza de su presencia. La figura de Lola, que tanto daño le hacía, se convierte en un peligro que Manuela quiere evitar a toda costa a su hijo. Cuando sabe que crece un ser en su cuerpo busca la lejanía de un padre que se muestra egoísta, machista y dominador para convertirse ella en la única dueña de sí misma y de su hijo. El destino le jugará una mala pasada, pero ella es perfectamente consciente de sus acciones y las lleva adelante para poder reproducir esa maternidad a su manera.

Según el análisis hecho por Lacan los niños se ven obligados a abandonar este mundo, no por la amenaza literal de castración que defendía Freud, sino porque adquieren un lenguaje cuya base es el concepto de ausencia (LACAN, 1968). Al introducirse en el mundo del padre, cuyo eje central es el falo como significante, se rompe la unión madre-hijo. Éste pasa a vivir en lo simbólico, análogo a la experiencia cinematográfica que facilita el retroceso a la etapa especular. De modo que el momento de máxima unión con la madre es un momento prelingüístico de lo imaginario. El hijo separa las figuras paternas e inscribe en un nuevo mundo la existencia del padre, un nuevo mundo que el mismo Lacan denomina orden simbólico, es decir, lo imaginario es el reino materno, mientras que lo simbólico pertenece al padre.

Si trasladamos esta premisa psicoanalítica a *Todo sobre mi madre*, descubrimos que el proceso seguido por Esteban es complejo. Pese a la ausencia del padre y a la díada con su madre, su capacidad de separar el yo del otro, de reconocer a su madre como un otro y percibir la ausencia de pene (en tanto que diferencia respecto a sí mismo) le lleva a reclamar una presencia del padre necesaria para su total involucración en lo simbólico. Su amor por el cine y la literatura funciona como sustituto del mundo simbólico al que no puede llegar, lo que se une a la plena consciencia de lo particular de su situación, de su diferencia respecto a los demás («A los chicos que vivimos solos con nuestras madres se nos pone una cara especial, más seria de lo normal, como de intelectual o escritor») y le sitúan plenamente en el mundo lingüístico-imaginario, un mundo que él intenta superar supliendo la falta del padre con la necesidad de escribir sobre él, con la necesidad del recuerdo negado.

Sin embargo, ¿qué sucede con Manuela? Ella no ha sido capaz de inscribirse de lleno en el mundo de lo simbólico, ni siquiera lo reclama porque su situación le permite invertir los términos y efectuar el proceso contrario. Debemos aclarar que las referencias a la no entrada en el mundo simbólico son puramente metafóricas, es decir, por supuesto que Manuela está dentro de lo simbólico, entendiendo éste como la entrada en el universo de la ley y, bajo su dominio, la articulación simbólica de su subjetividad. Pero también es cierto que la unión férrea con su hijo le permite apartarse ligeramente de esa creación simbólica hacia la suya propia. Con toda probabilidad ella efectuó su proceso de paso al estrato lingüístico con sus propios progenitores, pero lo que nos interesa es su capacidad de realizar el paso inverso con su hijo. Depende de tal forma de él (sin Esteban está sola en la vida) que deja de separar el yo del otro y conforma una nueva unión con su hijo sin la figura del padre. Es más, borra y arranca de la vida de su hijo cualquier resquicio, cualquier palabra que haga referencia al ausente. Quiere formar un único yo con su hijo, por eso le molesta que él le pregunte sobre su padre, que escriba sobre ella como si fuera un ente aislado y separado de él.

Existe una concepción narcisista de la maternidad que se amolda a la figuración que de ella realiza Manuela, es decir, la maternidad es narcisista no porque pretenda hallar al Otro en el hijo, al falo (como explicábamos al principio que proponían las teorías más conservadoras), sino en el sentido de encontrarse a sí misma en el hijo, con lo cual no se relaciona con él como lo

Rosa, la madre ante la difícil maternidad de una hija.

Otro, sino como extensión de su propio ser, que es a mi entender lo que nos muestra *Todo sobre mi madre* en la figura de Manuela.

Debido a esto, cuando Esteban muere ella misma se cree fallecer, sus creencias interiores se hunden. El yo de Manuela que debería haberse articulado aun antes de su socialización y acceso a la ley, ese yo que ella fue capaz de situar en un estado, digamos semi-imaginario, basándose en esa unificación no completada, tampoco es capaz de introducirse de nuevo en lo simbólico. Ya hemos visto que Manuela es la madre que pierde al hijo y vuelve a recuperarlo en forma de nuevo hijo para reestructurar su vida. En este camino Manuela se va encontrando con seres a los que maternalizar y hacer tan suyos como hijos. El vacío tan grande que le ha producido la pérdida, la sensación de estar partida, pues le ha sido arrebatado lo que ella creía parte de su mismo cuerpo, deja todos esos sentimientos dentro de ella, luchando por salir. Esa vacuidad que la embarga no puede estar, a la vez, más llena de necesidad; una muerte repentina no se vacía en mucho tiempo.

Lo que es innegable es que la relación madre-hijo adquiere tintes especiales cuando se fundamenta en una ausencia paternal. El lazo que Manuela establece con Esteban en el ejercicio su maternidad la une a él de forma casi única, pese a no cumplir con el rol de una maternidad típica en el orden social y no reproducir la imagen de abnegación, Manuela vive en su hijo porque eso supone vivir en sí misma, él es un pedazo de ella, su puente con la realidad: «Por ti ya he sido capaz de cualquier cosa».

Manuela tiene tal grado de maternidad aún en ella que, pese a resistirse inicialmente, debe derramarlo sobre alguien. Su instinto maternal, que frena en principio, la lleva a ocuparse de Agrado porque conoce su independencia y sabe que no supone una amenaza para ella. No quiere volver a ser madre y sufrir una pérdida, por eso en principio trata de distanciarse. Sin embargo, Rosa desarticula todas sus defensas: «No me hagas chantaje, Rosa, por favor».[7] Cuando le ruega a Rosa que no le pida ser su madre, ella ya sabe a qué clase de miedo se enfrenta, pero al final es incapaz de evitarlo y acoge a Rosa como a su niña. Deja todo por cuidarla y entrega en ella todo ese amor maternal que aún le sobra.

Y es que el amor de madre no muere nunca, y si el objeto amado lo hace, ese amor no puede perderse y debe traspasarse. Como sentencia Huma en su representación de Lorca: «Hay gente que piensa que los hijos son cosa de un día. Pero se tarda mucho. Mucho. Por eso es tan terrible ver la sangre de tu hijo derramada por el suelo». En esta frase parece resumir la tragedia de Manuela, también ella ha recogido la sangre de su hijo del suelo, pero ese amor tan poderoso no le ha permitido hacerse una coraza. Por eso lo vierte en Rosa, y después en el hijo de ésta que hace suyo... Manuela es la madre universal, representa la maternidad sublimada en su estado más puro: «Una fuente que corre durante un minuto y a nosotras nos ha costado años. Cuando yo descubrí a mi hijo, estaba tumbado en mitad de la calle. Me mojé las manos de sangre y me las lamí con la lengua. Porque era mía». Estas palabras que salen de Huma podrían haber surgido de Manuela. Es representativo que esta escena de Huma sobre el escenario suceda inmediatamente a la de Manuela con Esteban, la nueva vida y las referencias a la muerte se unen de nuevo, esta vez con un desenlace positivo. Esteban está sano, quizás este tercer Esteban sea realmente definitivo. Manuela recupera a Esteban, aunque ya antes había recuperado su función, en la medida en que proyecta su maternidad en todos los otros seres que la rodean.

El ejercicio de la maternidad se ve también en otros personajes. Pese a buscar el amor materno de Manuela, Rosa tiene

7. Manuela pide a Rosa en el hospital, tras la primera visita al médico, que no la chantajee cuando ésta se niega a volver con su madre y muestra una actitud totalmente infantilizada: la cabeza gacha, sin aceptar la realidad, presionando a Manuela para que la adopte en su seno.

una madre con la que mantiene una relación de inc
Su madre no entiende las acciones de su hija, la acu
garle la vida, pero en ningún momento deja de sentir c
dre. Las relaciones entre madre e hija siempre han resu
más complejas porque, a pesar de acceder al orden simbólico
(que en este caso también le es negado a Rosa por la situación
de su padre) les resulta muy difícil la ruptura con el imaginario
materno, en tanto que ellas mismas no se pueden identificar con
el padre. Pese a que Rosa no resulta el más simpático de los
personajes, en todo momento somos conscientes del sufrimiento de esta madre. En ella se vuelve a vivir la tragedia de Manuela. Tampoco a Rosa le queda mucho aparte de su hija, con la
cual no llega al entendimiento, y un marido ausente (tan ausente
como el de Manuela). Su muerte le resulta igualmente devastadora, pero ella tarda en reaccionar en el reflejo de su amor, ese
amor materno que le ha quedado y que debe exteriorizar. Dos
años tardará en expresar ese amor en su nieto, aunque el efecto
es el mismo. Se busca una nueva cuna para la maternidad.

La otra maternidad reflejada en el filme es una maternidad
coartada y rota desde el principio. Se trata de la de Rosa con
Esteban. Ella no llega a conocer a su hijo, es el caso contrario,
el de la madre muerta, que a su vez es hija muerta. Ese doble
dolor se ve mitigado por las circunstancias: Esteban tendrá dos
madres que han perdido a sus hijos, el amor perdido irá de vuelta a él para paliar el sufrimiento por la madre muerta. Rosa no
puede ejercer la maternidad, pero con su muerte permite que su
madre y Manuela lo hagan de nuevo. Su amor maternal tampoco se pierde porque es recogido por esas dos madres huérfa-
nas de hijo. Ni siquiera existe una palabra para definir a la
madre que pierde un hijo, su horfandad materna queda inconclu-
sa, sin ningún tipo de denominación posible. En *Todo sobre mi
madre* lo que se consigue es poner un rostro a ese dolor que no
tiene nombre.

De igual forma Huma ejerce de madre, pese a no serlo (o
quizá por ello). Si bien su relación con Nina se presenta como la
de dos amantes, los signos no nos lo están indicando en ningún momento, pues de hecho Huma parece la madre de Nina
en muchas ocasiones. Huma, por su mayor edad y su preocupación, adquiere el papel de protectora de la descarriada muchacha, continuamente la previene contra el uso de drogas, la
busca cuando sabe que puede estar en peligro, la riñe: «¡Para ti

todo lo que no sea salir y ponerte hasta el culo de todo lo que pilles, es ser monja de clausura!». Nina percibe este componente maternal en la relación y se comporta como la hija caprichosa que desobedece y reniega de su «madre», pero que sabe que siempre va a estar ahí para salvarla.

La idea de maternidad entre ambas se ve reforzada por el nulo erotismo que emana de su trato. Huma afirma no poder vivir sin Nina, pero también diría eso una madre. En ningún momento se las ve tocarse o besarse, ni siquiera un cariñoso beso en la mejilla o un abrazo, jamás aparecen a solas en ningún plano, como si Manuela u otro personaje hubiera de ser testigo de su amor (sólo los amores sin carga sexual son públicos), nunca se miran a los ojos. A pesar del apasionamiento que parece conllevar su relación («Nina está enganchada al caballo, pero yo estoy enganchada a Nina»), nada parece indicar que sea real, incluso resulta inverosímil imaginar a Huma tan colgada por quien ni la aprecia ni le demuestra el más mínimo calor, de no ser por ese encadenamiento maternal que ella desarrolla casi con fervor. Huma se aferra a Nina como a una hija que no tiene, convirtiéndose de esta manera en el símbolo de otro tipo de maternidad, la maternidad frustrada.

Con toda probabilidad los deseos maternales de Huma, quizá nunca llevados a término por su opción sexual, la atormentan y precisa reflectarlos sobre el ser al que acoge (no olvidemos su emoción cuando Manuela le permite conservar la foto de Esteban que Lola le había entregado antes de morir). Ella es, de nuevo emulando a Lorca, como Yerma, necesitada de hijos pero sin posibilidades, es como Manuela, con un deseo que debe proyectar en quien más cerca tiene. En este caso es Nina, su amante deserotizada, quien se convertirá en su niña, alguien a quien mimar y cuidar. De ahí el doble dolor que la atormenta cuando Nina la abandona: por una lado pierde su objeto de deseo, su encarnación de la maternidad, y por otro ese mismo objeto es capaz de llevar a término las ansias maternales no colmadas de Huma. Nina se va para tener un hijo, mientras Huma se queda sin Nina y sin hijo, viendo cómo su «niña» consigue lo que ella tanto desea y la deja sin posibilidades de obtenerlo. De esta forma Huma ve su maternidad doblemente frustrada, su pérdida es mayor y no puede hacerle frente. Su única opción es el silencio.

Incluso Agrado está cargada de maternidad en ciertas ocasiones. La más llamativa tiene de nuevo como protagonista a

Nina. El discurso que Agrado le ofrece en el camerino es una muestra de su preocupación. Ella también adopta a Nina de alguna forma, ya que le advierte de lo mal que va acabar y de lo injusta que está siendo con Huma y consigo misma: «¡Y lo cambias todo por el caballo! ¿Tú crees que te compensa? ¡Pues no te compensa!». Cuando Nina se frota contra ella y le hace alusiones a su órgano sexual, Agrado la aparta cariñosa pero enérgica. Para ella Nina es también una niña necesitada, se siente un poco madre y cuidadora. Su instinto maternal está despierto.

La película es un homenaje a la madre de Pedro Almodóvar y a todas las madres en general, un homenaje que se decide a hacerle por su sacrificio y valor. La frase que mejor recoge esta idea es la que pronuncia Manuela ante su pequeño Esteban: «Hubiera podido ser actriz, si hubiera querido. Pero mi única vocación ha sido cuidar de mis hijos: ¡Cuídate a ti!». Sin embargo, y de nuevo rompiendo con la idea patriarcal de la maternidad sumisa, el director afirma: «No he querido retratar a una madre abnegada, sino gritona y mandona».[8] Efectivamente, Manuela no es la madre abnegada que da a su hijo todo lo que pide, ella discute, posee un carácter fuerte que necesita para subsistir en un mundo en el que ser madre soltera no resulta nada fácil. Ella es madre, pero también es mujer (cualidad tantas veces usurpada a las mujeres que parecen dejar de serlo al convertirse en madres), ella es un personaje, un ente, aunque se encuentre tan unida a su hijo que no pueda diferenciarse de él. Esta unión pertenece más a un plano simbólico que real: Manuela interioriza a su hijo como a otra parte más de su cuerpo, pero en la realidad es capaz de seguir adelante y no hundirse. Manuela pensaba que su hijo era su propio corazón, que al quitárselo moría ella también irremediablemente, por eso sale en una búsqueda frenética del corazón. Aun así tiene el valor de luchar y continuar viviendo.

Almodóvar tiene la capacidad de dibujar madres reales no perfectas, como la vida misma, que pueden resultar la mejor de las madres para sus hijos sin ser los ángeles abnegados y despersonalizados a los que el cine (y la vida) nos tiene acostumbrados. En el imaginario social de la maternidad se ha construido un ideal de madre estabilizadora del sistema, ya que el hijo les devuelve el narcisismo perdido. Las mujeres se convierten en seres sobredimensionados a los que les es arrebatada su posición como mujeres en favor de la de madres sin

8. Declaraciones extraídas del reportaje que TV2 le dedicó en La noche temática.

81

identidad propia y excluidas de los espacios sociales. En cine esta sumisión al imaginario aceptado se refleja en una ausencia de mirada (que explicaremos más adelante), lo que no sucede en *Todo sobre mi madre*. El filme no arrebata la mirada a la mujer en ningún momento, ni siquiera a la madre, pues emplea los mecanismos suficientes para hacernos diferenciar la parte de mujer y la de madre en sus personajes. Excepto la madre de Rosa, las otras dos madres nos son presentadas previamente como personas. Conocemos a Manuela ejerciendo su trabajo, en su entorno laboral antes de descubrir que tiene un hijo. La relación con él, sus gestos desenfadados, su actitud comprensiva en la incomprensión (tolera ciertas ideas de Esteban pese a no entenderlas) nos remiten a una madre real (veremos más adelante el concepto de realidad), una madre con entidad propia, una mujer que es madre. También Rosa es introducida primeramente en su faceta laboral, cargada ya de por sí de instintos maternales, con un niño en brazos y algo madre de aquellas prostitutas, pero persona individual al fin y al cabo. Sólo después de sernos introducida, de ver su relación con su propia madre, conoceremos su incipiente embarazo.

El hecho de que ésta sea una película dedicada a la maternidad y que este tema hubiera sido tratado, muchas veces tangencialmente, en la mayoría de las últimas películas del director manchego, responde a cierta tendencia en su cine a incorporar elementos y motivos recurrentes. No corresponde ahora abordar la aparición de dichos elementos en sus películas, ya que lo haremos en otro apartado. Sin embargo, sí me gustaría destacar cómo la maternidad ha obsesionado al director desde sus comienzos, porque ello influye decisivamente en *Todo sobre mi madre*. Por primera vez, y en homenaje a su propia madre, Almodóvar aborda centralmente un tema que ya venía insinuándose en sus otros filmes, cuya trayectoria por la búsqueda de la maternidad se caracteriza siempre por el hecho de estar truncada, rota por las circunstancias que rodean a los personajes.

La película *Tacones lejanos* describe una relación madre-hija conflictiva y difícil, pero lo más llamativo es la ausencia de padre. Pese a haber sido tan importante en la vida de la hija por el abandono de la madre, la obsesión de la protagonista es llegar al entendimiento con la madre, y ésta, a pesar de demostrar su egoísmo e incomprensión, es capaz de sacrificar, en su último aliento de vida, todo por ella. Se confiesa autora de un cri-

men para salvar a su hija en un último ejercicio de la más pur
maternidad. Almodóvar comienza a perfilar su idea de la maternidad como algo que pesa sobre todo lo demás en las situaciones de crisis. Se puede ser muchas cosas, pero el ser madre
vence a todas ellas como muestra el personaje de Marisa Paredes en este filme; ella expía sus culpas, el dolor que ha causado
a su hija con este último acto, la maternidad es su redención.

Matador mostrará a la figura de la madre en sus dos vertientes más extremas, la madre castradora y la amiga, causante
la primera de terribles desgracias en la figura de su hijo. La segunda, sin embargo, se acerca más al concepto materno que irá
determinando la filmografía de Almodóvar y que culminará en
Manuela.

En *Mujeres al borde de un ataque de nervios* el final es
clausurado con una mujer que está empezando a encontrarse a
sí misma, Pepa, desengañada de un hombre, lucha por superar
la desesperación. Pepa pasa toda la película intentando comunicar con ese hombre, con el fin de hacerle saber que va a ser padre, y quizá con la esperanza de recuperarle. En realidad, el
filme resume la lucha de esta mujer por la recuperación de su
propia palabra, palabra que obtendrá cuando decida descartar
al hombre como destinatario del mensaje y aceptar su maternidad como algo sólo suyo, que no pertenece a ningún hombre,
que no es del Otro. De nuevo la maternidad se vive como salvación, como recuperación de la mirada por parte de la protagonista, y, como no, como algo solitario que pertenece plenamente al
mundo femenino y que es ajeno a cualquier hombre.

En *Carne trémula* la madre también está sola. Poco sabemos del personaje que interpreta Penélope Cruz, pero lo que conocemos se liga totalmente a su estado de madre. Ella da a luz
en un autobús, con gritos de dolor y desgarro (desgarro como el
que Manuela sentirá al verse arrebatada de esa maternidad), y
lo hace sin un hombre a su lado. Es otro niño sin padre, pero
con una madre que se lo hace olvidar. A partir de entonces la
madre se convertirá en un recuerdo, la elipsis temporal la borra
de la pantalla donde sólo es visualizada en fotos y es evocada
por el hijo. Se trata de otra maternidad truncada, esta vez por la
muerte de la madre.

Por lo tanto, el retrato que *Todo sobre mi madre* hace de
la maternidad se venía perfilando desde los otros filmes del director manchego, para ser abordado directamente en éste. Se

83

trata de maternidades heridas, de maternidad sin paternidad, de hombres ausentes y mujeres plenamente metidas en las implicaciones de ser madres. En la película confluirán estas ideas para hacer un nuevo retrato de la maternidad como algo más cercano a nuestro propio interior que a las idealizaciones que de ella se han hecho, como algo personal y de exclusividad femenina no compartido en su ámbito absoluto por ningún hombre, en tanto no le permite el mismo tipo de identificación que a la madre que porta el hijo en su seno.

Puede parecer obvia la necesidad de la representación de madres reales, aunque el término en sí mismo resulta altamente conflictivo ya que, si las madres reales se inscriben también en un sistema patriarcal que las subyuga, cuánto más deberían hacerlo en la idealización cinematográfica. Éste es un tema aún inconcluso y que necesita reflexiones que no vienen al caso aquí, ya que lo que nos interesa es lo que pueda adscribirse al análisis del filme. En mi opinión, en él Manuela se sustenta sobre la idea de maternidad absoluta, ella ha tenido que crear un nuevo universo simbólico por la ausencia del padre, ha vuelto a su recuerdo prelingüístico e imposible de verbalizar en su busca de la unión total con el hijo en tanto que fusión consigo misma. Su vocación es ser madre, su único equilibrio debe llegar, en definitiva, a través del reencuentro con la maternidad, una maternidad que nunca la ha abandonado, que siempre ha sido parte de ella. Manuela se convierte en la madre total, en la representación pura de una maternidad alejada de su carga más simbólica y en pleno acercamiento a los sentimientos del inconsciente que son los verdaderamente reales aún no manipulados por ninguna categorización. Y eso es lo más mágico del filme, su acercamiento a una maternidad real. Porque lo real es lo que está dentro de nosotros, lo oculto por lo imaginario, lo que los convencionalismos no pueden tocar. Esa realidad sí está expresada en *Todo sobre mi madre* e inscribe a la película en un mundo de concepciones nuevas y diferentes.

¿Qué papel desempeñan los hombres y los padres en este nuevo estado de cosas? Sólo en un caso podemos hablar de maternidad (y no paternidad) masculina y es el caso de Lola, a caballo entre la madre y el padre. Su condición de travesti adquiere aquí toda su fuerza al convertirla en un modelo femenino de madre más que en el que le corresponde por su sexo. El travestismo supone, en cierta forma, una fetichización del propio cuerpo para acercarse a la figura de la madre. En este caso Lola es un ser fetichizado por sí mismo con el fin de poder transformarse, no sólo en mujer, sino en madre (lo que la transexualidad no le permitiría). A la vez que representa el lado femenino, también sugiere el masculino, y de esta forma se erige en epicentro de la acción.

El travesti, y ésta es su cualidad definitoria, no pertenece a un solo espacio, sino que es siempre figura de transición. El travesti representa, precisamente, una ruptura de las divisiones binarias, ya que es portador de un tercer término indefinible. El travesti marca la entrada en lo simbólico ya que como tercer elemento pone en cuestión la relación de complementariedad del imaginario (YARZA, 1994).

85

Por lo tanto, Lola supone una superación del concepto edípico tradicional en cuanto a la separación de lo femenino y lo masculino, de lo materno y lo paterno en imaginario y simbólico porque sirve de puente hacia una nueva concepción rupturista y no excluyente.

La película maneja en estos mismos términos los hilos de la relación maternal en el caso de las mujeres. En un principio Manuela y Rosa parecen ser castigadas por la negación que hacen a sus hijos del orden simbólico. Esteban muere porque Manuela no le permite el acceso al universo simbólico que representa el padre, Rosa también muere porque su madre no intenta la creación de un orden simbólico imposible en la figura de su padre ausente. De ahí que en principio la lectura pueda parecer patriarcal: la negación del padre supone la muerte, su aceptación es la vida, incluso el nuevo Esteban que parecía condenado a la muerte sobrevive por su conocimiento del padre y la promesa de Manuela. Sin embargo, la solución no es tan simplista porque, si bien es cierto que esa verdad respecto al padre permite el equilibrio, también es verdad que no se nos está hablando de una concepción convencional y cerrada de paternidad ni de orden simbólico. El filme anuncia la llegada de un nuevo orden simbólico, la ruptura con la concepción tradicional de familia. La familia más convencional, la formada por los padres de Rosa, burgueses y políticamente correctos, es criticada duramente. No hay entendimiento posible entre sus miembros, el padre está evadido, la madre no quiere entender y la hija se adscribe al mundo marginal para escapar de su propia realidad.

Manuela, por otro lado, pese a pertenecer a una familia descompuesta, es descrita con total simpatía, y la relación con su hijo se inscribe dentro de lo aceptable, de un entendimiento posible. De nuevo la transgresión hacia lo novedoso, la defensa de las nuevas composiciones familiares.

A pesar de todo, en un momento dado Rosa madre y Manuela son castigadas, ya no tanto por sus actos como por la necesidad de una transición. No hay revolución sin dolor y eso es lo que Almodóvar está promulgando, la ruptura con lo establecido, el deseo de instauración de un nuevo orden, encarnado en el orden simbólico, pero referido en realidad al orden social. Si Manuela parece ser castigada por negar a Esteban la entrada en lo simbólico, y recompensada luego por otorgárselo al nuevo Esteban, también es cierto que ese orden no es el establecido, sino uno totalmente diferente en el que los padres pueden tener pechos y en el que su presencia se fundamenta precisamente en la ausencia. Lo característico es que el nuevo Esteban tampoco va a conocer al padre por sí mismo (salvo en un fugaz encuentro sin importancia a estos efectos), sino a través de la madre. Lo que le fue negado a su hermano se le concede a él, pero Manuela no es castigada por su desconocimiento, sino que debe pasar por el sufrimiento para aprender a crear un orden simbólico nuevo.[9]

La película pretende cortar los hilos que sostienen la necesidad de la familia convencional de destapar las contradicciones de esta concepción simplista. De ahí que preconice la existencia de un nuevo tipo de realidad, la posibilidad de que las madres sean madres ellas solas, sin necesidad de padres. Por eso Manuela tiene que sufrir, no por su culpa en la negación del padre y la muerte del hijo, sino porque es necesario para que ella comprenda la idea de la no necesidad del orden patriarcal y pueda convertirse en símbolo del nuevo orden. Ella se atormenta con remordimientos por lo que no ha contado a su hijo, por eso debe pasar por un proceso de aprendizaje hasta entender que lo importante para Esteban no era tanto la existencia del padre sino la de una referencia distinta que lo situara en otro estado de comprensión. Él se sabía distinta y, en el fondo, no le importaba, pero le era imprescindible comprenderlo. Y esto es lo que no supo darle Manuela, esto es lo que ella aprende a lo largo del filme, y lo que puede salvarla (a ella y a todos): la inscripción en un nuevo estado de cosas, diferente y renovador.

9. El hecho de que Almodóvar consiga plasmar qué tipo de orden simbólico propone es más dudoso, pero la intencionalidad rupturista sí resulta evidente.

Exactamente lo mismo le ocurre a la madre de Rosa. Ella tampoco acepta la destrucción del orden simbólico tradicional. Por eso rechaza a su nieto ante el temor, sobre todo tras conocer al que es su padre, de que todo su mundo se derrumbe, de que sus concepciones se hundan irremisiblimente. Cuando comprenda que es posible la existencia de una nueva familia, cuando vea la total ruptura de la suya, entonces podrá acceder a su nieto, a la vida nueva, será capaz de volver a renacer como renace el orden social. Su hija Rosa pareció ser la única que comprendió de verdad el acercamiento de un nuevo orden. Desde un principio ella busca la verdad como salvación, ella sabe que sólo a través de la estructuración de un nuevo universo de creencias su hijo podrá ser salvado de la muerte o del dolor. En esta nueva familia lo importante no es la existencia de padre y madre, sino la de una o más figuras maternas que creen un nuevo terreno simbólico para el hijo.[10]

En definitiva, la película nos ofrece una concepción totalmente moderna y transgresora de la sociedad, es más, nos remite a la peligrosidad del aislamiento en los convencionalismos. Por ello, otorga la salvación a sus miembros sólo cuando éstos han sido capaces de asimilar no sólo la existencia sino la absoluta necesidad de ese nuevo orden, y por lo tanto contribuyen activamente a su creación. El pequeño Esteban será el paradigma de esa nueva familia, una familia con dos madres (Manuela y Rosa) con la referencia a un padre, en este caso desexualizado, con una nueva concepción de la realidad donde todo tiene cabida mientras se afronte sin tapujos, con la verdad necesaria y salvadora.

El afán desvelador de las insuficiencias de la familia nuclear tradicional ya había sido expresado por Almodóvar en otras películas. Posiblemente la expresión máxima la constituya *Qué he hecho yo para merecer esto*. En ella la problemática edípica en tanto que eje estructurante del cine de Almodóvar y la operación desarticuladora del núcleo familiar adquieren matices cercanos a los de *Todo sobre mi madre* (YARZA, 1994). Al igual que Gloria asesina a su marido, elimina físicamente a una de las fuentes de su desgracia, Manuela se librará de Lola a través de la huida y de la total anulación de su persona ante su hijo. Si al final de *Qué he hecho yo para merecer esto* el hijo menor vuelve a casa y se plantea una reconstitución de la familia, que, sin embargo, opera dentro de un paradigma distinto, *Todo sobre*

10. De nuevo repetimos que poder o no ya es otro asunto.

mi madre nos muestra igualmente la creación de una familia diferente a la convencional.

Esteban se convertirá en hijo de una maternidad compartida que no pertenece a la madre biológica, compartida por su abuela Rosa y por Manuela como madre adoptiva, pero sustentada igualmente en los deseos maternales de otros miembros del grupo que reflejarán su cariño en él: Agrado y Huma. En definitiva, se produce una desintegración de la familia nuclear burguesa (repetimos que criticada en el ejemplo de Rosa y sus padres) para concebir un nuevo espacio familiar integrador que dé cabida a todo tipo de miembros, con independencia de su sexo, condición o pensamiento, un reino de riqueza heterogénea.

El encuentro imposible con el padre

Ya mencionamos en el apartado anterior que, en el caso que nos ocupa, se parte de una situación de equilibrio inicial: Manuela lleva una vida apacible con un trabajo que le gusta y un hijo al que adora. La ruptura de esa situación, la muerte resquebrajadora, arrastra a Manuela al proceso de distanciamiento que culminará en un reencuentro con el equilibrio tras el nacimiento de una nueva vida que, si bien no puede sustituir la perdida, sí es capaz de alimentar un nuevo equilibrio. En *Todo sobre mi madre* la carencia del hijo llevará a Manuela a la búsqueda, no del hijo, imposible ya de recuperar, sino del padre. Todo el filme se articula sobre esta búsqueda incesante del padre aunque, sin embargo y paradójicamente, no es el encuentro del padre lo que restablece la situación inicial de equilibrio, sino el encuentro del propio hijo, del hijo muerto tras el cumplimiento de su deseo y del hijo nuevo nacido a su vez de la propia muerte.

A pesar de la excelente acogida de la película entre los críticos, un punto del filme fue cuestionado por varios autores: la aparición del padre Lola/Esteban en una de las últimas escenas. Ángel Fernández Santos califica dicha aparición de «jarro de agua fría». En su opinión, se crean demasiadas expectativas sobre la tal Lola, por lo que Almodóvar comete un error garrafal al visualizarla, es «el paso de la plenitud a la inanidad». En mi opinión, y si bien en principio la aparición de Toni Cantó puede parecer superflua e innecesaria, incluso contraproducente, la respuesta a este interrogante no es tan sencilla y pasa por varias incógnitas. En primer lugar debemos tener en cuenta si en este esquema de búsqueda-encuentro (de conflicto entre deseo y ley) el encuentro del padre es un elemento pertinente. En segundo lugar, hay que analizar cómo la pertinencia de dicho elemento se fundamenta en la capacidad de identificación del espectador que determina la sustitución de una ausencia por una presencia, de lo que se nutre la idea de la paternidad en *Todo sobre mi madre*. La película se caracteriza por una ausencia de padres mientras las madres adquieren toda la fuerza vital del relato. Las tres madres del filme, Manuela, Rosa y la hermana Rosa viven la tragedia de sus hijos solas, sin compartirlo con el padre, bien por la ausencia real de éste (Lola) o por la incapacidad (padre de Rosa). Aunque ambas situaciones son sustancialmente diferentes, los dos padres parten de la misma base de incapacitación para enfrentarse a una paternidad que les es negada por su propia ineptitud: al padre de Rosa por su enfermedad que le retira de la realidad y a Lola por su negligencia y falta de respeto por la vida. Paradójicamente, también es esta ausencia la que determina el devenir de la narración, es el detonante de las acciones.

89

Tras la brusca ruptura de su estado de equilibrio, Manuela emprende la búsqueda del padre de su hijo muerto como única finalidad de su vida vaciada. En principio, la posibilidad de llenar el hueco con esa búsqueda es remoto y sólo lo conseguirá el azar, pero lo primordial es que la base de esa búsqueda es el intento de superación de la ausencia. Sin embargo, lo que la ausencia represente es fundamental a la hora de examinar la pertinencia de su justificación con una presencia real y no con la presencia sustitutiva. La ausencia de Lola ¿es importante para Manuela en sí misma o por lo que representaba para su hijo, auténtico ausente en su vida?

Mediante los escritos de Esteban y de sus propias palabras vamos conociendo la necesidad que alberga de conocer a su padre. Para él es lo más importante; pese a creer que está muerto desea saber algo sobre la vida de esa figura que desconoce. Por ello hace prometer a su madre que le hablará de él: «Algún día tendrás que contármelo todo sobre mi padre. No basta que me digas que murió antes de que yo naciera [...] Estuve a punto de pedírtelo de regalo de cumpleaños». Aunque Manuela duda que sea un buen regalo, ante la insistencia de su hijo cede: «Entonces... te lo contaré todo cuando lleguemos a casa». Con esta promesa Manuela ha decidido dar un paso adelante y cubrir el hueco de una ausencia que tantos años ha hecho sombra a su hijo. Él se siente como si a su vida le faltara un trozo, como a la foto que Manuela le enseña, y ese pedazo de vida, al igual que en la foto, no es otro que su padre. Es probable que si el juramento se hubiera llegado a cumplir el propio Esteban habría comenzado la búsqueda, bien de la figura física o de los recuerdos de la figura paterna. Veremos que será la propia Manuela quien deba llevar adelante esos planes inespecíficos de su hijo, que él ya no podrá realizar.

Sin embargo, la promesa de Manuela se ve truncada por la muerte y ella, vaciada por dentro, sin saber cómo enfrentarse a la vida, sólo encuentra un objetivo: encontrar al padre de Esteban para decirle lo que nunca pudo contar a su hijo. Manuela emprende la búsqueda porque percibe una ausencia, pero para ella la carencia es la del hijo. A pesar de ello va en busca del padre porque cree, inconscientemente, que supliendo la carencia que Esteban tenía podrá, de alguna forma, sobrellevar su ausencia. En realidad Manuela va buscando su propia redención, la expiación de la culpa de haber mantenido un secreto durante tanto tiempo y no tener ya la posibilidad de comunicarlo jamás. En la búsqueda del padre sólo intenta hallar el perdón que se debe a sí misma por su silencio, sin saberlo ella necesita encontrar ese perdón en su hijo cumpliendo la que fue su última voluntad. De ahí que cuando por fin vea a Lola lo único que le enseñe sea la foto de Esteban y un fragmento de sus notas en el cuaderno que la acompaña como la sombra de su hijo: «Esta mañana he revuelto en sus cajones y he descubierto un fajo de fotos… a todas les falta un trozo, mi padre supongo. Quiero conocerle. Tengo que hacerle comprender a mamá que no me importa quién sea, ni cómo sea, ni cómo se portó con ella. No puede quitarme ese derecho». Para Esteban poco importa lo que haya separado a su padre y a su madre, él se sabe con derecho a acceder a un mundo que le está siendo bloqueado sin razones suficientemente poderosas.

Por lo tanto, puede parecer que el encuentro con el padre es fundamental para el restablecimiento del equilibrio, ya que por medio del nuevo hijo, presentándolo al padre, es como Manuela logra enmendar su cargo de conciencia por lo que ocultó a su Esteban. Incluso a la abuela del niño le cuenta la verdad en una drástica determinación de purgar su culpa. Sin embargo, la expiación ha llegado antes fruto del azar, a través de ese nuevo hijo que Manuela no esperaba y que le ha sido entregado por la misma mano que le arrebató al otro, la muerte.

Precisamente con el nacimiento del nuevo Esteban y la decisión de no ocultar la verdad, Manuela da fin a su búsqueda y puede instaurar un nuevo equilibrio, pues si nunca podrá ya hacer que su Esteban muerto sepa la verdad sobre su padre, sí puede encargarse de que el niño la conozca. La película nos muestra esto con un mecanismo clausurador que le otorga sentido: si el equilibrio ha sido roto por culpa de una promesa hecha al hijo (promesa no cumplida), el restablecimiento sólo puede llegar mediante el cumplimiento, y ya que no es posible por la muerte de Esteban, debe hacerse con un nuevo juramento, en este caso el que Rosa le obliga a hacer en el hospital: «Prométeme que no le ocultarás nada al niño». La promesa es exactamente la misma que hiciera a su hijo, hablarle sobre su padre, pero esta vez podrá ser llevada a cabo en el nuevo Esteban, en esa vida que está reponiendo la del hijo muerto y recuperando los deseos incumplidos. Antes Manuela prometía a su hijo, ahora promete a la madre de su hijo (pues ambas se consideran madres de Esteban), es como si al cerrar ese pacto con la madre biológica se estuviera jurando a sí misma (como madre misma del nuevo Esteban y madre del Esteban muerto) que nunca ocultará la verdad otra vez. De este modo, con el compromiso adquirido casi más ante sí misma, Manuela es capaz de perdonarse. Por todo ello la búsqueda puede darse por finalizada antes incluso de encontrar a Lola: la aparición de ésta no es necesaria para la rotundidad del relato y sólo el destino del que Almodóvar ha querido impregnar el filme hace que aparezca finalmente para redondear una búsqueda que, como ya he mencionado, estaba completada antes. Promesa inicial, promesa final, que marcan los puntos equilibradores del relato.

En esencia, si cuando Manuela parte en pos del padre, en realidad lo único que ansía es el reencuentro con el hijo que tal vacío le ha producido, es lógico pensar que la inesperada aparición del hijo, casi en una resurrección, en el bebé, colme ya la búsqueda. De ahí que la aparición de Lola sea una licencia del autor en absoluto necesaria para la efectividad narrativa: el relato se redondea a sí mismo sin necesidad de visualizar a Lola, a esa Lola que encarna a la muerte, conocida ya por visiones ajenas a su persona pero presentes en la vida de casi todos los personajes, y cuyo rostro es a veces mejor desconocer. Sin embargo, y al resultar tan obvio el deseo de incluir a Lola, una Lola presente en el relato, debemos suponer que el director pretende hacer patente su presencia. Con toda probabilidad Almodóvar quiere reivindicar una forma de maternidad que la sociedad patriarcal niega, una maternidad diferente encarnada en este hombre hecho mujer, pero que no quiso perder todas sus características masculinas para poder engendrar.[11] La figura de Lola, innecesaria narrativamente, es instalada en el relato con la voluntariedad de quien tiene la intención de comunicar una maternidad sin límites de ninguna clase.

Por otro lado, y avalando esta idea, la entrevista con Lola choca aparentemente con el concepto del encuentro imposible con el padre que preside toda la película. Y digo aparentemente porque en realidad el mismo encuentro con Lola es en sí mismo imposible porque ya nunca podrá cumplir el deseo de Esteban de conocerle. Desde un principio los padres son figuras lejanas, que sólo aparecen como referencia de las presencias.[12] Antes de conocerlos se habla de ellos, se mencionan sus nombres, se hace referencia a sus vidas pero sin mostrarnos su rostro. Están presentes en la ausencia, se les habla sin verlos, por eso la ausencia se convierte en presencia, los mismos personajes realizan sus propias suturas. La hermana Rosa pregunta por su padre mucho antes de que podamos verle: «¡Pero papá solo necesita dos personas! A propósito, ¿dónde está?». También Lola es un gran ausente que justifica su ausencia con la presencia constante en la mente de Esteban. Después de él los personajes nos siguen hablando de la desaparecida Lola, tanto Rosa como Manuela intentan el inútil encuentro, el único fin de convertir al ausente en presente es hacerle saber su paternidad.

El padre de Rosa, aunque vive, se mantiene en un mundo totalmente ajeno al de los demás personajes. Su vida se reduce a los paseos con el perro. La hermana Rosa, que siente su ausencia tanto como para preguntar continuamente por él y preocuparse demandando una presencia imposible, intenta un último encuentro con él antes de ir al hospital a tener a su hijo y, con gran probabilidad, a morir. Ni siquiera a las puertas de la muerte y viéndose ante el padre es el encuentro viable. Él ni siquiera la reconoce y tan sólo se interesa por su altura y edad. Lo único que se le permite a la hermana Rosa es despedirse de su padre, darle un adiós definitivo a una figura que no ha acaba-

11. Debemos recordar el apartado de la maternidad, donde explicábamos la necesidad de instaurar un orden simbólico nuevo y la transgresión que ello conlleva.
12. Ausentes en un sentido semiótico.

do de encontrar. Rosa tampoco puede acceder al orden simbólico del padre, ni siquiera la relación con la madre es lo suficientemente gratificante. Quizá por ello, en su necesidad de identificación, caiga en brazos de Lola sin entender bien el porqué: Lola es la madre y el padre hechos carne, simboliza esa dualidad que atrae a Rosa por la dificultad de entrada en el orden que le corresponde. Y es que Rosa buscará al padre incesantemente, a ese padre cuyo discurso lingüístico es totalmente incoherente: ¿cuánto mides? o ¿cuántos años tienes? son sus únicas palabras. Al igual que el de Lola el encuentro con el padre es imposible. Manuela volverá a convertirse, de esta forma, en la única capaz de transmitir el acceso a algún tipo de orden a Rosa, a esa Rosa que se hace adoptar por ella porque necesita una madre, una madre capaz de encarnar los dos universos del padre y la madre (y que quiso, fugazmente, hallar en Lola) o que, al menos, está aprendiendo cómo representarlos para no perder más hijos.

La rueda del destino

Todo sobre mi madre es una película marcada por el azar, por esa especie de alea que entra en juego desde el fuera de campo (BURCH, 1970). Esta idea del alea, de lo casual formando parte de la escena misma, puede ser traspasada a *Todo sobre mi madre*. Al igual que en las películas de terror cualquier cosa puede surgir del espacio *off*, como explica Burch, también en el filme de Almodóvar puede nacer cualquier acontecimiento (esta vez argumentalmente hablando) de esa parte escondida y desconocida del relato que se nos va revelando como todo un laberinto de casualidades que cobra sentido poco a poco. Los personajes del filme parecen estar unidos a un destino trágico que marca el desarrollo de sus vidas, y este destino está a su vez controlado por un azar que desencadena las acciones del relato. La narración no existiría tal cual si no fuera por su propia eventualidad, eso sí, total y absolutamente controlada y necesaria, a su vez, para la continuidad de dicho relato. Y es que *Todo sobre mi madre* quiere basarse en esa suerte de fortuna con plena consciencia y fundamentar sus pilares en el más puro azar. La cadena de relaciones en la que se centra la estructura del filme está controlada por la casualidad de los encuentros

94

Nina, el teatro, el bebé, la maternidad: el destino persigue a Manuela.

entre las protagonistas: la coincidencia será la determinación de todo.

El azar atenaza a todos y cada uno de los personajes de la película hasta el punto de determinar plenamente sus destinos. Tan sólo Agrado parece escapar a este cruel fato. Desde el principio ella es el contrapunto cómico, la toma de aliento en el drama, ya sea de prostituta o de asistenta de Huma, en un gracioso homenaje a la Thelma Ritter de *Eva al desnudo*. Ella parece ser la única que realmente escoja su futuro: si ejerce como prostituta es realmente porque así lo quiere, ya que antes tenía otro oficio: «De joven fui camionero [...] en París, justo antes de ponerme tetas. Luego dejé el camión y me hice puta». Siendo la persona que mejor acepta todas las circunstancias que rodean su vida, la que «intenta hacer la vida agradable a los demás», es lógico que se convierta en el otro extremo de la balanza del destino, en la prueba de que si el azar juega contigo, también tú puedes jugar con él.

Manuela se ata a un destino aciago desde el instante en que conoce a Lola. A partir de entonces el azar marca cada uno de sus encuentros. Es la casualidad la que la arrastra hacia Agrado (de todas las prostitutas tiene que ser precisamente a ella a la que salve), hacia Rosa, hacia Huma... en un cúmulo de coincidencias perfectamente estudiadas que dan empuje a su devenir. Cada nueva casualidad se relaciona directamente con la anterior y es causa de la siguiente en un cúmulo de acciones de causa-efecto que se clausura en un círculo (nunca mejor expresado el concepto de la rueda del destino) al alcanzar la unión final en la mayor de todas las casualidades. Pero veamos qué clase de lazo trenza estas coincidencias entre sí.

Se puede afirmar que la primera coincidencia de la que somos conscientes en el relato es la de la muerte de Esteban. Él fallece tras asistir a aquella otra coincidencia que le dio la vida: la del encuentro de sus padres en la representación de *Un tranvía llamado deseo* que hoy, indirectamente, le arroja a la muerte. Si no hubiese acudido a ver la obra, si no hubiese corrido tras el coche de Huma, hoy seguiría vivo, y, sin embargo, de no haber sido por esa misma obra hace años tampoco habría llegado a este mundo. Con esta primera y gran coincidencia Manuela une su vida ya a un destino mortal e inevitable que la arrastrará de casualidad en casualidad.

Este primer evento azaroso la lleva, por dos caminos diferentes, a la siguiente cadena de casualidades. Por un lado su búsqueda de Lola, efecto de la muerte de Esteban, la unirá a Agrado y a Rosa. Por otro lado la misma muerte de Esteban será causa de esa otra búsqueda de Huma, de esa percepción del inexorable destino que la arrastra una y otra vez a la misma obra de teatro, a la misma espiral de dolor. Manuela va en busca de Lola y encuentra a Agrado, por casualidad, en ese campo donde se reúnen todas las prostitutas. Su amistad con Agrado la lleva, a su vez, a presencia de Rosa. En este nuevo encuentro la casualidad se torna suprema, ya que Rosa está esperando un hijo del mismo que fue padre del de Manuela. Además, la condena a muerte que deja Lola con su sangre transforma al hijo de Rosa en el futuro niño de Manuela. En este encadenado de azares que van llevando a Manuela de un personaje a otro Lola es el centro de la maraña.

El otro camino de coincidencias es el que dirige a Manuela hasta Huma. La obra de teatro se ha movido (de nuevo la casualidad) siguiendo el camino de Manuela. Ella se presenta en su camerino sin saber muy bien por qué, quizás a buscar una respuesta a su dolor, y la casualidad quiere que se haga imprescindible para Huma. La huida de Nina, la incapacidad de Huma para conducir, el mayor conocimiento de Barcelona de

Manuela, y como siempre el fortuito momento en el que Manuela llega, convierten a ambas mujeres en seres cercanos. Cuando Huma descubra tiempo más tarde quién es Manuela, su espanto será enorme al imaginar la angustiosa suma de azares que la ha llevado hasta allí: «No he dormido en toda la noche pensando en tu hijo... Recuerdo perfectamente su rostro, bajo la lluvia, con el cuaderno en la mano...». Precisamente la desencadenante de la situación, la causa reveladora es otra casualidad, la que empuja a Manuela a reaccionar. Nina se droga demasiado y es incapaz de actuar y Manuela, que conoce perfectamente su papel, debe interpretarlo, dando lugar a la necesaria revelación de la verdad.

Por lo tanto, las casualidades se repiten de tal forma que un destino negro parece envolver todas las acciones. El azar, al unir a todos los personajes entre sí, cumple con una norma que rige todo el relato: que desde la casualidad sólo puede surgir otra, que el azar engendra más azar y que él es el único conector de las diferentes historias vitales. Es de suponer que aunque Manuela no apareciera en escena, Huma seguiría padeciendo su pequeña tragedia personal con Nina, que Rosa se quedaría igualmente embarazada y moriría. Puede parecer que la entrada de Manuela no aporta demasiado a las otras historias, mientras que sí se da el efecto contrario, es decir, la vida de Manuela cambia radicalmente a raíz de los encuentros con los destinos de aquellos otros seres. Sin embargo, nada queda realmente igual una vez que el azar posa su mano en ellos. Huma y Agrado jamás habrían unido sus vidas sin la presencia de Manuela, el pequeño Esteban, cuya vida aún desconocemos, ni siquiera habría sido Esteban y quizá no habría conocido nunca una verdadera familia.

La máxima expresión formal del concepto de destino que rueda la encontramos en el propio periplo de Manuela. Manuela huye de Madrid a Barcelona, de nuevo a Madrid y de vuelta a Barcelona, en unas idas y venidas circulares que la arrastran de nuevo al principio de su viaje, a la Barcelona donde comenzó su historia. Estas huidas marcan, como ya explicamos en el apartado de estructura, las ruedas mismas del destino, ese destino que siempre gira (al igual que la vida de Manuela) y vuelve sobre sí mismo, es decir, reestructura el equilibrio que antes había alterado. Las cosas se desordenan y ordenan por la mano del destino sin que se pueda hacer nada por evitarlo. La imagen en que ambos trenes de ida y vuelta se cruzan sobre el mismo encuadre cinematográfico es la culminación de ese geométrico azar que une y desune, que lleva y trae a lo largo de todo el filme y determina las acciones de los personajes, siempre en forma circular (como la cadena que conforma la estructura) ya que estabiliza finalmente lo que quedó desequilibrado por su propia actuación.

Uno de los recursos fílmicos más llamativos y recurrentes es precisamente el de la anticipación del destino. Para reforzar aún más la idea de destino inexorable, Almodóvar pone a nuestro alcance pistas que nos permiten anticipar lo que va a pasar. Pese a saberlo, nada se puede hacer por luchar contra lo inevitable, la película confirma sus propias teorías con estos avisos. El primero tiene lugar en la dramatización que Manuela lleva a cabo sobre la donación de órganos, en la que interpreta a una mujer que ha perdido a su marido en un accidente de tráfico y debe donar su corazón. Manuela deberá repetir esa situación en la vida real, vivirá la muerte del hijo y decidirá donar su corazón. La ficción nos relata antes que la realidad (todo entendido como ficción y realidad de la narración, que nada tienen que ver con la realidad) lo que va a acontecer.

De nuevo con la visión del filme *Eva al desnudo* se dará un tipo de anticipación, más ficcionada aun si cabe, ya que Manuela se convertirá en una especie de Eva Harrington en el futuro (al menos a los ojos de Nina) cuando interprete a Stella en lugar de Nina. La anticipación es todavía mayor en la muerte de Esteban. Unos momentos antes de morir está a punto de ser atropellado por un coche al cruzar la calle, pero pese a la advertencia, pese al grito de su madre y su petición de que tenga cuidado, nada se puede hacer contra el destino. La muerte siempre se muestra de antemano en alguna de sus formas, incluso con la cruz de la ventana del hospital donde Rosa tiene a su hijo se anticipa ya su final, un final que ella había imaginado antes al hacer prometer a Manuela que en su ausencia se haría cargo de Esteban. En los más pequeños pero cuidados detalles encontramos esa sombra de anticipación que fluye por todo el filme. Incluso en Nina se refleja, aunque no sea hasta el desenlace cuando se pueda relacionar ambos momentos. En el camerino ruega a Agrado que le enseñe el miembro viril: «A lo mejor termina gustándome». Efectivamente, Nina acabará yéndose con un hombre, teniendo un hijo con él y dejando a Huma. En cierta manera, su futuro ya se anticipa en esas palabras dirigidas a Agrado.

El destino cobra mayor fuerza en cuanto que nos es presentado antes sin que podamos siquiera percibirlo. Sólo al final, cuando van encajando todas las piezas del *puzzle*, podemos unir anticipación y acontecimiento de una manera inevitable. Son precisamente estos guiños almodovarianos, los paralelismos y los pequeños detalles, los que confieren mayor agudeza al filme.

La película nos muestra que unas casualidades engendran otras y que la lógica ordenadora de todas ellas es la muerte, el destino al cual nadie escapa. En Almodóvar el azar es un elemento puramente compositivo que le permite redondear las tramas. De esta forma puede casar todas las líneas del relato y obtener un tipo de diseño narrativo cercano a su ideal de absoluto control del ambiente. En esencia, el destino convierte al azar en su aliado y determina la estructura entera del filme. Las casualidades, perfectamente controladas por lo que suponen para la evolución de la narración, sólo tienen sentido porque parten del mismo núcleo, la muerte, un núcleo que encarna al propio hado. Si Lola es el centro de los azares, y Lola es la representación de la muerte, cabe esperar que sea la propia muerte la que dirija el destino.

El rostro de la muerte

La muerte está omnipresente a lo largo de toda la película, va dejando su simiente en todos los personajes. Hay tres muertes reales dentro del relato, pero éste también está jalonado de pequeñas muertes en vida que responden a la misma causa. El elemento muerte, al que veremos que Almodóvar ha querido dar rostro, se mueve por la narración matando y dejando morir. En principio se trata de una figura externa, se habla de ella, se la siente, pero no aparece y sólo la evocamos a través del rastro de dolor que va dejando tras de sí.

Su primera víctima es Esteban, aunque en un principio pueda parecer que nada tiene que ver directamente en su fallecimiento, los recursos de la película nos muestran lo contrario. A lo largo de todo el filme la muerte está asociada a la negrura de la noche y al rojo de la sangre. En las primeras escenas Esteban aparece siempre en interiores, en su casa, en el hospital junto a su madre, en el bar esperándola... Son lugares seguros, casi siempre en compañía de su protectora, esa que intenta evitarle el sufrimiento de la verdad. Él viste colores claros, azules pastel, el suave color de la inocencia y la pureza. Sin embargo, una sombra comienza a teñir su destino, entre el rojo de su cuarto él destaca vulnerable, pero aún acogido en el calor de su cama, con Manuela a su lado. Cuando cae la noche y la lluvia y su camiseta ya comienza a teñirse de tintes rojizos, él observa a su madre desde el otro lado, totalmente roja sobre ese fondo rojo que la engulle. Un primer coche premonitorio le acecha anunciando el futuro: la sombra de la muerte le espera.

El momento en que se desencadena la desgracia es la pri- mera vez que podemos asociar la idea de la muerte a la del padre de Esteban, cuyo nombre aún desconocemos. Precisamente por abrazarse a su madre cuando ésta le promete contarle la verdad es por lo que Huma se le escapa y él echa a correr, y por esa primera mención a la muerte ausente es por lo que muere. Su madre, que tanto había luchado por preservarlo de la verdad, lo entrega en manos de la muerte al querer afrontarla por fin. Por lo tanto, se nos muestra cómo la ausencia de verdad mata, cómo Lola (en este momento identificada con esa verdad) mata. Lo último que verán los ojos de Esteban en ese fabuloso plano subjetivo en el que la cámara reposa en el suelo, a la altura de su mirada, es precisamente el negro y el rojo de la muerte, los zapatos y las medias totalmente oscuros y el rojo extremo de la gabardina que viste Manuela. Y el rostro de su madre, llorando y chillando, en un onírico encuadre ralentizado en el que los gritos y el movimiento de los labios no coinciden, al igual que sucede en la mente del moribundo. La cámara se ha convertido en los ojos y en el cerebro de Esteban en ese último instante agonizante de su vida.

Después de ese primer contacto con la muerte se nos va dejando ver poco a poco sus estragos, primero en Manuela. Ella también está como muerta, vacía por dentro. Su cuerpo estará envuelto en luto, siempre de negro, hasta el momento en que su destino comience a cambiar. Ese punto de inflexión lo marca el encuentro con Agrado en el que se determinará ya su futuro encuentro con Rosa. Hasta entonces la negrura es su compañera, e inconscientemente la abandona antes de hallarse frente a ella, cuando ya ha empezado su búsqueda. Dispuesta a luchar a pesar de las circunstancias, Manuela decide intentar entrar de nuevo en la vida, pero la muerte sigue persiguiéndola, ese mal llamado Lola no ceja en su intento.

En casa de Agrado vemos por primera vez el rostro de Lola, de la muerte, aunque aún no somos capaces de asociarlo. En la foto, abrazando a Manuela, Lola es una presencia alegre, sonriente, lejana de la idea mortífera que nos iremos haciendo de ella, aunque las palabras de Agrado ya nos dan a entender que la actual Lola es mucho más cercana a lo mortal que su apariencia física en el retrato. La verdad sobre la aparición en casa de Agrado y el robo nos conducen a esa idea de muerte, unen ambos conceptos continuamente. Veremos más adelante que la mirada femenina que nos presenta a Lola no coincidirá con la Lola que visualizamos, tal como ocurre con la imagen que nos da la foto.

Manuela conoce a Rosa una vez que su destino está ya escrito. En el rojo de su vestido lleva el estigma de la sangre envenenada, su cuerpo ya se siente mal pero la muerte aún no se ha aposentado del todo porque ella todavía no acepta la verdad. Al no decir las cosas parece que éstas no existan, por eso sólo las palabras que no mienten enfrentarán a Rosa con la visión de su trágico final. Otra vez de la mano de la verdad nos llegan las secuelas de la mortecina Lola. Cuando Rosa trae consigo los análisis, en el momento en que se descubre el diagnóstico, Manuela y ella vuelven a contemplar la cara de la muerte, todavía sin verla pero intuyendo su aliento cercano. Manuela trata de gritar, de negar la evidencia, pero ya nada se puede hacer contra la verdad: «¿Pero cómo se te ocurrió follar con Lola? ¿En qué mundo crees que vives Rosa, en qué mundo?». Es el mundo regido por un destino devastador.

La segunda muerte real, la de Rosa, da paso al conocimiento de la figura de la muerte. Mientras Rosa yace en el hospital, un *travelling* nos acerca su ventana, en la que se aprecia el aviso premonitorio de su fallecimiento: una cruz, que se funde en la siguiente escena con el plano de la cruz del cementerio. Con este fundido el filme da el adiós a Rosa para dar paso a su asesino, a la devastadora Lola. Ninguna frase define mejor la esencia de esa muerte encarnada en ser que la que Manuela le dedica: «Tú no eres un ser humano, Lola, eres una epidemia». Y esa criatura que ha rondado a lo largo de la película se nos aparece vestida de negro, pálida, delgada, débil, y nos anuncia lo indecible: la muerte inminente de la propia muerte. La verdad arrastra de nuevo a la muerte y tiene más poder que ella. Cuando Lola se enfrenta a la devastación que ha causado, a la verdad de su herencia emponzoñada, es cuando debe afrontar su propia destrucción. Ella se destruye cuando ya ha destrozado tanto a su paso: «Manuela, estoy muy cansada y me estoy muriendo». Una mosca se posa sobre su mejilla como un buitre anunciando lo inevitable.

Las únicas dos veces que Lola es visualizada en escena viste los colores de muerte y sangre. En el cementerio aparece totalmente enlutada por lo que destaca más su palidez. El esfuerzo por mostrarnos el rostro de la muerte (polémico, como ya hemos explicado) es evidente. Cuando se encuentra frente a frente con Manuela, la cámara se va cerrando cada vez un poco más sobre la cara de Lola en un primer plano que pretende introducirnos lentamente en su demacrado rostro. En el bar ya nos es más difícil verla como representación de la muerte, cuando estrecha entre sus brazos a Esteban, la muerte misma abrazando a la encarnación de la vida: la vida ganará y Lola morirá poco después, su sangre (ésa que la envuelve como una chaqueta) acabará con ella.

En esencia, la muerte acaba engendrando vida y restaurando el equilibrio. El encuentro entre Lola y Esteban es el paradigma de la creación, del universo regenerador que muestra el filme. Lola, que es la muerte personificada, acude a ver al niño, ejemplo de la vida, al que ella cree haber condenado con su semilla contaminada. Sin embargo, la vida es más poderosa y salva al bebé, salvando de esta forma también a Manuela. La vida vence a la muerte, y si la muerte nos llegaba a la vez que la verdad, pero siempre fruto de la mentira anterior, la vida nos llega con la verdad desnuda, sin tapujos, con la promesa de verdad. Si, como ya hemos explicado, la mentira es un recurso necesario para la supervivencia, la verdad es la auténtica semilla capaz de convertirse en generadora de vida.

El juego de la mentira

Partiendo de la base de que la voluntad de verdad de nuestras sociedades se manifiesta por el deseo de que nuestras costumbres estén fundadas en discursos racionales y que nuestras verdades se apoyen en bases científicas, el juego de verdad es un juego de lenguaje que consiste en transformar la afirmación empírica en regla trascendental (LARRAURI, 1996, 8). El efecto de un juego de verdad es la construcción de un campo de verdad, a través de la no presunción de existencia de los objetos sobre los que se piensa ni de los sujetos que los piensan. Si cada nueva experiencia configura un nuevo objeto y un nuevo sujeto con reglas de objetivación y subjetivación, el juego de verdad es un juego de creación, de creación de una nueva realidad, realidad que ya preconizábamos anteriormente como aspiración almodovariana.

En *Todo sobre mi madre* funciona exactamente el mismo mecanismo pero a través de la mentira, de ahí que lo denomine juego de mentira. En una de las primeras escenas de *Eva al desnudo*, obra que da nombre al filme almodovariano, la protagonista cuenta mentiras en el interior de un camerino mientras el resto la escuchan fascinados. Almodóvar ha afirmado en numerosas ocasiones que su película trataba de la capacidad innata de las mujeres para mentir: «Mi idea al principio fue hacer una película sobre la capacidad de actuar de determinadas personas que no son actores. De niño yo recuerdo haber visto esta cualidad en las mujeres de mi familia. Fingían más y mejor que los hombres. Y a base de mentiras conseguían evitar más de una tragedia [...] Las mujeres fingían, ocultaban, mentían y de ese modo permitían que la vida fluyera y se desarrollara, sin que los hombres se enteraran ni la obstruyeran».[13]

Efectivamente, en el filme las mujeres mienten y disimulan sin que los hombres sean capaces de acceder a sus mentiras. Todas se convierten en actrices para preservar sus vidas de peligros, mienten en legítima defensa, ocultan la verdad para, al igual que en la espiral foucaultiana, crear una nueva realidad, configurar nuevos objetos y sujetos que otorguen algún sentido a la coacción de la verdad en sus vidas. Mienten porque deben hacerlo para sobrevivir y acaban fingiendo porque es lo que han aprendido toda su vida. Sin embargo, en ese refugio de la mentira no les queda resquicio para respirar y todas, cada una a su manera, deben buscar la verdad en sus propias vidas tan plagadas de disimulos. En ese saber fingir tienen que encontrar el conocimiento de la verdad y eso es lo que marca todo el transcurrir de su existencia. ¿Qué es la mentira para cada uno de los personajes y qué supone en su evolución personal? ¿Cómo pueden acceder al conocimiento y volver a su equilibrio? ¿Es la verdad la reestructuradora o es una nueva mentira la que restablece el *status*? Intentaremos contestar a estas preguntas que el filme mismo se plantea.

13. *Pressbook* de la película.

En *Todo sobre mi madre* confluyen tres rangos (o procesos) de mentiras: las que las protagonistas se cuentan a sí mismas, las que cuentan a los demás y las que se cuentan dentro de esa ficción que supone el teatro y la actuación, que es en realidad prolongación misma de la mentira y de la realidad que viven estas mujeres. Almodóvar, tal como muestra en la escena final con su dedicatoria, ha querido homenajear a las actrices, sobre todo a las que han interpretado a actrices a su vez, el *summum* de la interpretación: si las mujeres poseen de por sí una capacidad innata de mentir, si las actrices interpretan doblemente en la realidad y en la ficción, ¿qué puede haber más falso, y a la vez más verdadero, que una actriz interpretando a otra? Esto es lo que se nos intenta mostrar en el filme, lo máximo de la capacidad de fingimiento de la mujer, la necesidad de mentir, de esconder cosas para evitar desgracias, cuyas máximas representantes son las actrices.

En la película, si bien la mentira *per se* no queda justificada, sí lo queda el acto de mentir en cuanto necesidad y capacidad femenina, y sin embargo también se nos muestra que la mentira, aparte de evitar desgracias, puede a su vez crearlas. Es el caso de Manuela. Ella pronto aprende a mentir, a atrapar y aferrarse fuertemente al fingimiento. Ella pasa por ese triple proceso del que hemos hablado. Primero empieza a mentirse a sí misma, cuando su marido vuelve de París con «un par de tetas más grandes que las suyas» ella se convence de que en realidad sigue siendo la misma persona: «Exceptuando el par de tetas el marido no había cambiado tanto, así que acabó aceptándolo. Las mujeres hacemos cualquier cosa con tal de no estar solas». Por evitar esa soledad abrumadora Manuela se engaña a sí misma y se engancha a una espiral de la que no podrá escapar fácilmente. Tras su huida tiene que empezar a mentir a los demás para evitar encontrarse con un pasado al que ni ella misma ha sido capaz de enfrentarse sin mentiras. Esteban se convierte en el principal receptor de sus mentiras y silencios, él cree que su padre ha muerto y nada sabe de su vida, ni por qué su madre no quiere mencionarle. Manuela calla y con su silencio le llega la muerte al hijo. Mientras él la abraza ante la promesa de la verdad Huma se le escapa, como el humo mismo que encarna su vida, y Esteban corriendo tras ella encuentra la muerte y el silencio total.

A partir de ese instante Manuela debe afrontar la verdad, pero todavía no está preparada. Aún tiene que enfrentarse al último paso del proceso, a la mentira dentro de la mentira, la de las actrices. Sólo después de interpretar a Stella será capaz de mirar cara a cara y definitivamente a la verdad. Ella se ofrece a actuar, como tan bien sabe hacerlo: «¿Pero tú sabes actuar?» «Sé mentir muy bien y estoy acostumbrada a improvisar». De esta forma Manuela se encara con todo lo importante en su vida. Debe interpretar de nuevo esa obra en la que conoció a Lola, el papel de Stella embarazada le trae los recuerdos de su propia maternidad perdida y la obliga a gritar de dolor. Es lo único que no forma parte de la mentira y el fingimiento, el dolor que siente expresado en esos gritos desgarradores hasta entonces contenidos.

Manuela realiza la interpretación de su vida porque por primera vez comienza a dejar de mentir. De ahí que después de dicha interpretación, después de haber pasado por el triple proceso, esté capacitada para afrontar la verdad. En el camerino mira cara a cara a Huma y a Nina y les cuenta toda la verdad, es la primera vez en el relato que ella se enfrenta a su propia historia en primera persona. Había contado algo a Rosa como si de una tercera persona se tratara, de una amiga a la que le había sucedido. Ahora habla por sí misma, les cuenta todo. Si recordamos el análisis de la estructura, precisamente tras esta confesión le llega a Manuela la pequeña expiación de la entrega del autógrafo. Por lo tanto, la verdad es la única que puede traer la salvación a Manuela, sólo cuando deja de fingir se puede ir acercando al equilibrio, porque dejar de fingir significa mirar de frente a su sufrimiento.

Manuela es la encarnación del fingimiento femenino en todas sus facetas. Ella actúa en todos los campos de su vida: en su trabajo debe actuar en las dramatizaciones de la donación de órganos, en su casa debe mentir a Esteban. Cada vez que interpreta está en realidad recreando su propia vida, a veces sin saberlo. Ella recrea su futuro (y su pasado) cuando se hace pasar por mujer de un posible donante en la dramatización. Sus afirmaciones («Sólo tengo a mi hijo») no son tanta ficción como pueda parecer. También en el escenario, cuando deba hacer el papel de Stella, Manuela empleará su propio dolor para dar vida al de Stella, la ficción dejará de serlo. Por el contrario, Manuela usa su propia existencia para fingir mejor, a la vez que usa el fingimiento para crearse una existencia mejor. Es un continuo juego en el que verdades y mentiras, ficción y realidad, se mezclan sin separación posible. Cuando la realidad es tan dolorosa, cuando resulta tan difícil de afrontar, lo que hacen las mujeres de la historia es crearse otra a partir de mentiras. Aunque quizás el término correcto sea «verdades creadas», pues muchas veces resulta difícil incluso para ellas distinguir dónde está la línea divisoria entre ambas realidades.

En esta ocasión de nuevo aparece el camerino como centro de confesiones. En palabras de Almodóvar, el camerino es como el patio de mujeres en el que se tramaban todas las historias, en el que se genera la narración misma. El camerino es esa parte trasera del teatro, la otra cara. Si en el teatro se interpreta y finge, el camerino es la cuna de las verdades: nunca se miente en el camerino, sólo fuera de él, y sin embargo, ¿no es ahí donde Eva Harrington llena de mentiras los oídos de los presentes? Para Eva Harrington las mentiras sobre su vida forman parte de su verdad, ella acaba creyendo lo que relata como si fuese parte real de su existencia. ¿Acaso no ocurre lo mismo en *Todo sobre mi madre*? En la película el camerino es el escenario donde se tejen los relatos, los relatos de verdad.

La frontera entre la verdad y la mentira se torna muy tenue en las mentes de las protagonistas. Al engañar para evitar conflictos el propio engaño se traspasa a ellas y acaban confundiendo ambas. Huma se aferra al amor de Nina pese a las pocas muestras de afecto por parte de ésta y el desinterés que muestra en todo, se agarra a ese autoengaño porque necesita apoyarse en algo. La madre de Rosa intenta asirse a su vez a la mentira sobre la enfermedad de su nieto, como si lo que no se dijese no fuera nunca real. Sólo existen las cosas de las que se habla, de ahí que a veces sea mejor callar o mentir: «No le cuentes a nadie lo de los anticuerpos. ¿Lo saben las monjas?». Para ella el silencio es como una verdad inexistente, algo que al no materializarse no resulta una mentira.

Como ya hemos dicho, Manuela miente hasta el instante en que se enfrenta a su propio dolor en el escenario y traslada toda la verdad de su historia al camerino donde se confiesa ante Huma y Nina. El dolor de Manuela no se pierde en sus palabras, no se expía en la confesión. Huma recoge todo ese dolor y lo traslada a su próxima obra. Huma es la diosa del fingimiento, la actriz interpretándose a sí misma en *Un tranvía llamado deseo*. El deseo de Huma hacia Nina se representa en esa obra y cuando Nina se va, como el tranvía, y Huma se enfrenta a su soledad, esa soledad que las mujeres no quieren asumir según Manuela, afronta esa ausencia y el dolor de Manuela y lo transforma en un dolor universal de madre, en el dolor de Lorca. Huma no es madre, pero es la mejor fingidora y es capaz de retomar su propio dolor y el de Manuela y sintetizarlo en una magistral interpretación. No olvidemos que su dolor también es maternal pues, como ya explicamos, su amor de madre se refleja en Nina más que su pasión por ella, de ahí que pueda entender tan bien a Manuela después de perderla. En ese instante ella es la madre de todos, la madre entre las madres. Arranca el sufrimiento de Manuela (y de su propia alma de madre frustrada) y, mientras Manuela rehace su vida con su nuevo hijo, Huma comienza a contar su historia en el escenario. Ha acabado la realidad de Manuela y ha empezado la mentira de Huma, lo real se transforma en narración, de nuevo las mujeres alteran la realidad y la adaptan a sí mismas como catarsis de su propio sufrimiento.

El caso de Huma es diferente del de Manuela, pero también está marcado por la mentira. Mientras Manuela encuentra la expiación en la búsqueda de la verdad, Huma no es capaz de salir de su propio círculo de fingimiento. Ella es actriz y su vida se debe a la actuación. De ahí que al darse cuenta de su incapacidad para resolver su vida ponga en juego toda su capacidad innata de mentir. No sabe cómo afrontar su conflictiva relación con Nina, incapaz de vivir con ella pero absolutamente aferrada a su persona: «Sin Nina no puedo hacer la función. Nina está enganchada al caballo, pero yo estoy enganchada a ella».

Huma nunca va a poder dejar de mentir mientras no sea capaz de encauzar su vida y, paradójicamente, no podrá encaminarla y buscar su equilibrio mientras se siga mintiendo. Ella miente a la vez en todos los estratos del proceso: se miente a sí misma respecto a Nina y su relación, miente a los demás sobre la adicción de Nina, finge dentro del teatro al actuar. Sin embargo, cuando más cerca está Huma de la verdad es precisamente cuando interpreta papeles. Ya hemos explicado que ella se convierte en catalizadora de los sentimientos ajenos (y propios), por ella pasan, como la electricidad por los cables, corrientes de sentires que hace suyos. El dolor de Manuela se condensa en su interpretación de la madre herida de Lorca, el sufrimiento por Nina da fuerza al sufrimiento de Blanche en *Un tranvía…* De ahí que la cercanía a la verdad le llegue en el escenario: si su vida es un fracaso y no consigue la redención, si no es capaz de enfrentarse a la búsqueda de la verdad y del saber, en el escenario Huma sí consigue encauzar sus sentimientos y su vida. La verdad de Huma está ahí, en la interpretación, en el fingimiento, en el corazón mismo de la mentira.

La unión del sufrimiento de Manuela y Huma se hace visible en el filme, casi como una premonición, antes incluso de que se lleve a cabo. Cuando Manuela espera a Esteban frente al teatro un gran cartel con el rostro de Huma se sitúa a su espalda. En ambas predomina el color rojo y durante un momento las dos parecen fundirse en un mismo ser, como si Manuela fuese devorada por los labios rojos de Huma, que la abarcan. Esteban observa desde el otro lado del cristal a su sueño hecho realidad; ve a su madre como la actriz que querría que fuese, por un instante ella es la misma Blanche, engullida por su gigantesco rostro. Aún no lo sabemos, pero los recursos formales de la película nos adelantan que Manuela será actriz, que esa Manuela que ha actuado toda su vida tendrá aún que interpretar el gran papel.

Huma es un ser fracasado en su vida privada pero con una capacidad mágica de fingir, de hacer suyas otras tragedias además de la suya propia: «Que tú, como actriz eres maravillosa, pero como persona estás muy equivocada». Ella es consciente de esa falta de consistencia en su vida. Incluso la fama no le aporta nada, sólo le queda la interpretación como válvula de escape: «Humo es todo lo que ha habido en mi vida [...] El éxito no tiene sabor, ni olor, y cuando te acostumbras es como si no existiera». Ella se convierte en esa esponja que recoge los pesares de quienes la rodean para hacer un trabajo que adora; la soledad de Blanche Dubois es reflejo de su propia soledad e incomprensión. Al igual que en la obra un hombre le arrebata a su amada hermana, un hombre le arrebatará a su Nina y la dejará abandonada. El dolor por la sangre del hijo derramada que interpreta en la obra sobre Lorca es la imagen del desgarro de Manuela. La vida de Huma es ficción y ella no podrá salir en busca de su verdad, su salvación no llega.

Nina también se miente a sí misma, evade su realidad en las drogas. A pesar de tenerlo casi todo («Tienes talento y sobre todo una mujer que te quiere... ¡y lo cambias todo por el caballo!»), Nina necesita escapar de lo real: «Lo cambio por un poquito de paz. Si no me fumo un chino me subo por las paredes».

Ella se miente y engaña a los demás, incluida la misma Huma, para aplacar la furia de sus nervios, para calmar su locura interior. A su manera, también intenta evitar desgracias mayores, al menos eso es lo que siente.

«Veo que has aprendido a mentir», le dice Rosa a su hija cuando descubre que en vez de en El Salvador ella está a punto de dar a luz. La hermana Rosa es la imagen de la dulzura, de la bondad y la solidaridad. Ella vive para los demás y la sinceridad de sus sentimientos es absoluta. Sin embargo, cuando la desgracia se instala en su vida a través de una muerte llamada Lola, las mentiras son su única manera de no crear mayores desgracias. Ya no puede evitarse a sí misma la enfermedad que ha adquirido, ni proteger a su hijo, pero al menos trata de proteger a los suyos de lo que cree que más les puede doler, el escándalo y el sufrimiento de conocer la auténtica identidad del padre de su hijo. De ahí que engañe a su madre y a las monjas. Sin embargo, Rosa es perfectamente consciente de la necesidad de la verdad para vivir en equilibrio y hace prometer a Manuela que tras su muerte no habrá ningún secreto. De nuevo la verdad restablece los equilibrios perdidos; la verdad hace que la madre de Rosa se acerque a ella, la verdad permite que Esteban conozca a Lola.

En definitiva, en apariencia sólo aquellas que se enfrentan a las verdades alcanzan su equilibrio. Rosa madre, mujer acostumbrada al fingimiento hipócrita del qué dirán, esa mujer que falsifica Chagalls y miente sobre la enfermedad de su nieto («No digas a nadie que tiene anticuerpos»), sólo consigue encontrar un poco de paz cuando acepta la verdad y con ella a su nieto, a su propia sangre: «Está tan contenta. Ha cambiado tanto esa mujer, tanto...».

Pero esa verdad tan sólo puede llegar a través de la mentira, es la capacidad femenina de mentir la que a su vez permite el encuentro con la verdad y con el saber: no existiría verdad sin mentira y, por otro lado, la verdad no deja de ser algo muy relativo y subjetivo. ¿Es menos cierto lo que Huma vive dentro del escenario que fuera del mismo? ¿No resulta más real para ella lo que interpreta que lo que vive y se le desvanece entre los dedos como el humo del que hace gala su nombre? Esto nos lleva al planteamiento inicial: igual que en los juegos de verdad ésta se convierte en creadora de una nueva realidad, también en nuestro juego de mentira se crean nuevos sujetos y objetos por medio de la mentira, universos paralelos en los que las protagonistas pueden sobrevivir sin sucumbir ante el dolor. Porque de eso se trata, de un juego de supervivencia cuyas armas deben basarse en el fingir.

Como ya he mencionado, mentir es la forma de evitar desgracias; tanto para Huma como para el resto de las mujeres de la película la mentira no es la vía para ocultar sus sentimientos, ya que confiesan sus más íntimos secretos a casi desconocidas. La mentira es, por lo tanto, la única manera de evitar males mayores: Huma miente respecto a Nina para que la compañía no las denuncie, pero relata todo a Manuela cuando apenas la conoce. Manuela niega la verdad a su propio hijo para evitarle dolor, pero no lo oculta ante las demás. Rosa miente a su madre con el fin de no involucrarla en un escándalo y de no hacerla sufrir, pero acude a Manuela que conoce desde hace tan poco tiempo para narrarle todos los detalles de su desgracia y pedirle que la ayude (de nuevo la bondad de las desconocidas).

En esencia, la capacidad de mentir de las mujeres es algo que no puede separarse de sus vidas en el filme. Manuela, Huma, Rosa, Nina... todas mienten por necesidad y esa misma necesidad convierte sus mentiras en realidades. Ellas mismas son conscientes de que, cuando la realidad y la ficción se confunden de tal forma y consiguen darles, al igual que a Nina la evasión de las drogas, «un poco de paz», quizá sea mejor no intentar separarlas.

El monólogo en el filme o el filme en un monólogo

«Cualquier narración es un monólogo si se dice en voz alta y en primera persona».[14] Los monólogos recorren toda la película en forma de confesiones personales que las mujeres nos ofrecen. Una película tan intimista como *Todo sobre mi madre* juega con el recurso del monólogo, de la mirada directa al espectador en la asunción total del yo por parte del personaje. Porque de eso se trata en un monólogo, de personalizar totalmente al sujeto al hacerlo portador de un discurso en primera persona y de llamar una vez más nuestra atención respecto a nuestra posición de espectadores. Como miradores de cine somos mucho más conscientes de ese lugar que ocupamos cuando alguien se para ante la cámara, ante esa prolongación distanciadora de nuestro

109

14. *Pressbook.*

propio ojo, y nos habla de tú a tú, cuando el yo busca sus destinatarios. Por otro lado, el monólogo también implica un juego de miradas ya que el personaje que lo produce se constata como punto de vista único, como mirada única en un momento en el que se captura nuestra atención total con la visión de ese emisario único.

Debemos hacer un pequeño inciso para explicar que el concepto de punto de vista y de mirada no son análogos en cine, pese a que yo los he venido usando como sinónimos en cuanto que prescindo de la idea de punto de vista como situación de la cámara en los ojos de un personaje. El concepto de mirada es asimilable a los niveles propios del relato mientras el punto de vista se acerca más a los niveles discursivos, del yo como narrador. Para que en cine el punto de vista fuera el de la primera persona haría falta lo que se denomina una «focalización interna absoluta» (cámara subjetiva). La única visualización que podríamos tener del personaje sería a través de un espejo o mediante un cambio en el punto de vista hacia la focalización interna de otro personaje. No creo que sea el momento de discutir estas ideas ni quiero ser tan radical en los planteamientos, pero tampoco deseo llevar a la confusión, de ahí la necesidad de aclarar algo más este aspecto. Considero que un monólogo es un punto de vista en primera persona pese a que no podemos situarnos en el ojo físico del personaje, pues lo importante no es situarse precisamente en el punto de mira de alguien, sino ser capaz de ver lo que él o ella sienten. De ahí que la mejor manera de comprender los sentimientos de un personaje, de sentir sus sensaciones, sea precisamente poder observarle desde fuera, mirar hacia su interior. Cuando más cerca estamos de ver lo que ve el otro es cuando miramos a sus ojos, no cuando nos sentimos dentro de ellos. Lo que se consigue, además, a través del monólogo es escuchar directamente su discurso en una especie de primera persona ciega, por denominarlo de alguna manera. Por otro lado, la mirada contiene implicaciones simbólicas que ya comentaré más adelante.

En la película casi todos los papeles tienen un momento en el que se sitúan en actitud de emitir un monólogo, un instante de máxima confesión íntima. El paradigma del monólogo es el de la Agrado, tanto por su carácter protagonista como por las circunstancias de emisión de éste en el entorno más apropiado: el escenario de un teatro. Cuando Huma y Nina acaban en el hospital a causa de un enfrentamiento y la función debe ser suspendida, Agrado toma las riendas y decide ser ella quien la noticia. Por ello se sube al escenario, que transforma en suyo, y cuenta al público que no va a ser posible ver la función, pero que si se quedan con ella, promete contarles la historia de su vida. Y eso es lo que hace precisamente, les habla de quién es, de todas sus operaciones y lo que le costaron, de cómo se siente consigo misma porque «una es más auténtica cuanto más se parece a lo que ha soñado de sí misma». Con este final casi moralizador Agrado resume la esencia de sí misma, de su personaje. Ella es la persona que todo lo da y nada pide, que intenta hacer felices a los demás y es capaz de una generosidad y una solidaridad femeninas enormes. Quizá no sea mujer del todo, quizá sus atributos sean adquiridos, pero Agrado es el más femenino de los personajes en cuanto que así se ha soñado y es lo que quiere ser.

Formalmente la escena está descrita con gran cuidado. Un *travelling* sobre el telón rojo con ruido de pisadas sobre la madera se detiene en el rostro de Agrado tomando aire. Su cara está iluminada débilmente, como si emergiera de entre las sombras del teatro, de la parte más oscura y desconocida. Un fogonazo de luz blanca deslumbra la pantalla al igual que deslumbra en esos momentos a Agrado, y por un instante el filme nos sitúa en sus ojos mismos, en su exacto punto de vista para movernos, repentinamente, al lado contrario, a la distancia. El ojo de la cámara, nuestro en ese momento, se sitúa en las filas traseras del teatro mostrando a una Agrado nerviosa, iluminada por el foco contra el telón rojo.

La cámara va a ir acercándose a ella en un *travelling* que representará nuestra propia mirada espectatorial y la introducción de ésta en la mirada de Agrado, de forma que durante algún tiempo veremos lo mismo que ella, aunque cuando más sentiremos y seremos casi como ella es cuando esa cámara salga de sus ojos y nos permita observarla desde la distancia. El *travelling* en picado se acerca, se detiene en un plano medio de Agrado y nos ofrece una primera visión de un plano medio de Mario y el técnico observándolo todo. Después vuelve a Agrado y, como si ya por fin hubiera conseguido arrastrarnos hasta sus ojos como la cámara se ha arrastrado por el pasillo entre butacas, pasa al grupo del público que se va, esos seres que Agrado contempla y que nosotros mismos observamos con su mirada. Aquí se produce un efecto interesante, ya que a noso-

111

tros como espectadores de cine nos es fácil identificarnos con ese otro espectador de teatro que mira a Agrado, y sin embargo somos capaces de establecer el doble distanciamiento que ellos no pueden: somos capaces, en tanto la cámara nos lo permita, de mirarlos a ellos y mirar a Agrado, pero también se nos ofrece la posibilidad de observar desde los ojos de Agrado. De ahí que durante toda la escena asistamos a un juego de identificación y distanciamiento que nos introduce a la vez que nos retira continuamente de la acción misma, ya que si el cine precisa de la distancia para crear placer, nuestro placer está siendo generado por ese ir y venir de la mirada.

A partir de aquí el encuadre pasa alternativamente del plano corto de Agrado el contraplano de grupos de público reaccionando ante su monólogo. La cámara aún seguirá acercándose, pues tras el aplauso del público se pasará a un primer plano de Agrado a fin de que pueda clausurar el relato con mayor protagonismo. La mirada física de Agrado se vuelve por un momento cómplice de la cámara ya que es capaz de guiarla, con su propio movimiento de ojos, hacia el lugar donde Mario y el técnico la miran sonrientes y complacidos por su forma de conquistar a la gente. Cámara y mirada se hacen una en los ojos de Agrado.

Narrativamente la escena del monólogo tiene un carácter de aliviadora de tensiones, de válvula de escape entre escenas de gran tensión protagonizadas por Rosa. La escena en la que Rosa es visitada por su madre, cargada de la tirantez propia del tipo de relación de incomprensión que ambas sustentan y de la situación de la hermana Rosa, es alternada con la más cómica de Agrado y Mario en una discusión sobre el miembro viril de ésta. Después se inserta el monólogo, gracioso y aliviador, de Agrado, de nuevo en su función catártica, que será seguida, una vez relajada nuestra psique, de las escenas más dramáticas de la película: el imposible encuentro de Rosa con su padre, su ingreso en el hospital y su muerte, escenas que no dejan resquicio para la risa. De esta forma, el personaje de Agrado se convierte en ese otro que nos salva, que nos alivia, que nos hace la vida más agradable en las desgracias, tanto a los personajes dentro del filme como a nosotros en cuanto espectadores, con una función extrapolable que rebasa las barreras del filme mismo. Si en la película ella cumple el papel de consoladora, este papel pasa al reino de lo extradiegético, traspasa la ficción y roza al espectador mismo: ficción y realidad se funden de nuevo tal como desea el director.

Si bien el monólogo de Agrado es el más representativo, el filme pone más monólogos en boca de otros personajes. Decimos que es el más representativo entre otras cosas porque cumple con las características intrínsecas del relato, ser contado a un público que está ahí sólo para escuchar, en un escenario pensado para ser escuchado. De hecho, como Almodóvar ha explicado, el monólogo está inspirado en un hecho real que le ocurrió a Lola Membrives en Argentina.[15] A causa de un corte de luz la función debía suspenderse y ella se subió al escenario para improvisar el relato de la historia de su vida en la que sí sería la función de su vida.

Como ya hemos mencionado, otros personajes toman como suya la palabra para hacer monólogos. Manuela misma es protagonista de algunos breves monólogos, entendiéndolos como la expresión en primera persona de una serie de sentimientos interiores que saca a la luz frente a otros personajes, sin que éstos la interrumpan. No se trata de conversaciones ya que no hay respuesta, no hay *feedback* por parte de los oyentes que asisten a tales confesiones. El monólogo clave de Manuela tiene lugar en el camerino, punto de encuentro de tantas verdades calladas en escena, ese pequeño patio donde las mujeres hablan. Huma y Nina solicitan una explicación por parte de Manuela, por qué llegó allí, qué buscaba... Ella se sienta y les explica la historia de Esteban, su muerte, su búsqueda. El espectador ya conoce la historia, aunque no lo hagan sus espectadoras en la ficción, pero aun así el dramatismo del momento no queda menguado porque oír a alguien relatando su propia desgracia es como enfrentarse cara a cara con el dolor mismo, y eso es lo que expresa Manuela en su rostro, el dolor, el vacío de la ausencia.

El trato formal que se da a la escena revela, de nuevo, el mimo dispensando a todo el filme. Manuela se sienta ante las dos actrices y ante el espejo del camerino, donde se ven reflejadas las espaldas de ambas. Sin embargo, Manuela no se ve a sí misma reflejada, sólo ve a sus espectadoras porque, en este punto de la narración, ella aún no es capaz de contemplarse, de afrontar su propia verdad. De ahí que cuando cuente lo que ocurrió, en realidad no se lo esté contando a sí misma, no quiera reconocerse en sus palabras, habla para los demás porque no está preparada para enfrentarse con su vacío, para mirarse en el espejo.

Podría parecer que el detalle del espejo, simbolizador de la asunción del yo, se deba más al azar que a algo premedita-

15. Lola Membrives fue una famosa actriz de teatro que poseía su propia compañía.

do, pero no lo creo si tenemos en cuenta la evolución que se opera en Manuela en cuanto a la narración de su vida. La primera vez que relata su historia lo hace ante Rosa, en la sala de espera del médico, y lo hace en tercera persona: «Yo tenía una amiga en el pueblo, en Argentina, que se casó muy joven». Con estas palabras comienza un relato que, siendo el suyo propio, aún no quiere reconocer como suyo, su vacío es todavía demasiado profundo. Después, según se va modificando su estado, su discurso va variando. Ante Huma y Nina ya se atreve a hablar en primera persona, pero todavía no ha accedido al conocimiento, su yo no llega a estar reconocido del todo, lo que se expresa en la imagen del silencio especular. En la última escena, cuando Manuela vuelva con un bebé que ha negativizado el virus y cuente lo sucedido en el camerino, el espejo nos muestra la imagen reflejada de las tres, todas pueden verse en él, por fin Manuela ha conseguido separar su propia imagen de la de Esteban, es capaz de mirarse de frente y seguir adelante. En el reconocimiento del propio yo le llega la salvación tan esperada.

De ahí que el hecho de la omisión de su imagen ante el espejo del camerino tenga mayor relevancia de la que pueda parecer. Mientras se confiesa, mientras suelta su monólogo, un primer plano la enfoca sin más interrupción que el contraplano de Nina y Huma cuando ésta recuerda a Esteban, uno de los dos únicos *flash-backs*. Las cabezas de las dos se vuelven (la de Nina siguiendo a la de Huma en busca de una explicación), como si buscaran algo fuera del camerino, fuera del espacio de la pantalla. Es una mirada hacia lo extradiegético, una mirada al recuerdo de aquella noche que ahora Manuela rememora y que Huma trata de centrar en su mente. Y de ese espacio *off* le llega la imagen de Esteban, el sonido de sus golpes en el cristal del coche, que aún atormentan a Huma desde ese espacio fuera de campo. La cámara no trata de acercarse más a Manuela cuando ésta continúa sus palabras, no intenta introducirse en su mente, en su mirada porque ella todavía no es capaz de hacerlo. Por ello se detiene en primer plano mostrando la amargura de su rostro hasta el final de su monólogo: «Ésa es la explicación, Huma, ésa es la explicación».

Además de estos monólogos externos, es decir, expresados hacia fuera para unos oyentes presentes dentro y fuera de la pantalla, también existe otra clase de monólogos, el monólogo interior, expresado en el lenguaje cinematográfico por la voz en *off*. En literatura esto se conoce como *stream of conscious-ness* (el fluir de la conciencia), y se trata de una especie de mo-nólogo interior en el que el protagonista se mueve a través de sus sentimientos, de todas las interioridades de su sentir. En *Todo sobre mi madre* el monólogo interior, el que ejerce Manue-la con ocasión de sus viajes, tiene un valor casi explicativo. Se trata de una aclaración al espectador, pero, a la vez, es una aclaración a sí misma, una explicación del porqué de su huida: «Hace dieciocho años hice este mismo trayecto, pero al revés, de Barcelona a Madrid. También venía huyendo, pero no estaba sola. Traía a Esteban dentro de mí. Entonces huía de su padre y ahora, paradójicamente, voy en su busca». A la vuelta de su otro viaje, el que la llevó de Barcelona a Madrid con el nuevo Este-ban, Manuela vuelve a relatar lo que ha sucedido, se habla a sí misma, y al espectador, de lo que ha pasado, del milagroso he-cho de la negativización del virus. En realidad, Manuela realizó la primera vez el viaje que debería haber hecho su hijo en busca del padre, ella intenta recuperar lo que él no pudo llegar a obte-ner. Ahora, de nuevo, vuelve por el hijo, porque su terreno es Barcelona, donde tiene una familia que ya le acepta.

Esteban es también artífice, directo e indirecto, de sus propios monólogos interiores, esta vez también con una función aclaratoria de lo que siente y lo que escribe. Los *off* de Esteban son fragmentos de sus escritos, de ese cuaderno de notas que le acompaña a todas partes y que luego acompañará a su ma-dre. Por eso sus *off* no mueren con él, él sigue viviendo en el re-cuerdo de Manuela, ella lo lleva consigo a través del cuaderno y de la foto, como un pequeño Esteban de bolsillo que jamás se perderá. Su voz interior se sigue escuchando aun cuando yace moribundo en el hospital, cuando su padre lee sus palabras por primera vez. Él vive mientras su recuerdo no muera, mientras sus líneas sean leídas por alguien.

En esencia, el monólogo se convierte en un recurso em-pleado en el filme con diversas funciones. Y es que para el direc-tor el monólogo es la base misma de la ficción (y de la realidad): «Yo integraría en el terreno del monologuista al narrador oral, al charlatán de feria, al político que da su discurso, a todo tipo de portavoces, a los pregoneros, al que se confiesa. Al que reza. Al abuelo que con chimenea o sin ella le cuenta a sus nietos aven-turas llenas de peligros que él mismo ha vivido. O al padre y a la madre, que debe hipnotizar a su hijo despierto con una historia

preciosa y soporífera». Eso es lo que pone en boca de sus personajes, la lectura en voz alta de Manuela a su hijo, a las confesiones de Manuela ante los demás personajes. Y si eso supone el
monólogo, la película se transforma a sí misma en un gran monólogo de Manuela, donde nos relata su vida, nos deja ver sus
pesares, se introduce en la vida de todos los personajes.

Manuela y Agrado son las grandes monologuistas del filme,
las que lo convierten a su vez en el gran monólogo: Agrado por
ser tan auténtica, tan fiel a sí misma que todo cuanto diga sólo
puede ser expresado en primera persona, y Manuela porque se
adueña de la mirada, de la narración misma. Ella parte del vacío
inicial hacia la toma de oxígeno, como en esa primera escena la
cámara se desplaza del cable del suero, ese goteo vital, al oxígeno y al vacío, de la misma manera Manuela anda entre el vacío
ausente y la reestructuración del equilibrio, el nuevo aire en su
vida. Su camino gotea y fluye como el suero por sus venas y su
historia pasa a nosotros mediante la palabra y la imagen, del
monólogo sobre el que se estructura el filme. Porque al fin y al
cabo la realidad también se compone de narraciones.

La mirada perseguida

El concepto de mirada en el cine tiene gran importancia desde
la perspectiva de las teorías feministas. El instinto contemplati-
vo es, según Freud, uno de los instintos sexuales de la libido,
es decir, funciona a través del placer. Esta escopofilia exige un
distanciamiento entre sujeto y objeto, un juego de ausencia,
para poder activar esos mecanismos de placer, distancia que el
cine ofrece propiciamente. Lo que se nos ofrece como espectadores es una especie de voyeurismo lícito que produce en nosotros la satisfacción de la contemplación, del ejercicio de nuestra
mirada sobre la pantalla. Sin embargo, para que el placer pueda
desarrollarse hace falta una identificación con el objeto observado. Se trata de una identificación narcisista, por un lado, que
nos acerca a la identificación propia de la fase del espejo, ya
que surge de la contemplación del cuerpo humano como algo que
reconocemos en nosotros mismos, y por otro lado una identificación voyeurista en tanto que el espectador se identifica con la
cámara. Esta última es más activa porque nos ponemos en el
lugar de la cámara como creadora de la mirada, y es la más

conflictiva, sobre todo para las mujeres, porque al haber estado patriarcalizada durante tanto tiempo nos sitúa ante el problema de la identificación como espectadoras.

En opinión de teóricas como Annette Kuhn, en la mayoría de las películas la mirada es masculina, es decir, responde a unas estructuras plenamente enmarcadas en el sistema patriarcal. La mujer adquiere valor en tanto es mirada por el hombre, es decir, su existencia tiene significado como un signo integrado en el orden simbólico patriarcal. De ahí que distinga entre tres tipos de mirada: la mirada de la cámara en la situación que se está filmando, que lejos de ser neutral implica un voyeurismo masculinizador, la mirada de los hombres y mujeres (aunque éstas suelen carecer de ella) dentro de la narración, estructurada para convertir a las mujeres en objetos y la mirada del espectador que imita a las otras dos al hallarse en la misma posición que ellas (KUHN, 1991, 70-78).

Todo sobre mi madre es una película totalmente alejada de los convencionalismos patriarcales, de ahí que resulte particularmente interesante el análisis de las teorías fílmicas feministas para apoyar esta idea. *Todo sobre mi madre* es, sin duda, una película de mujeres, lo cual en principio no garantizaría que éstas tuvieran la mirada. Sin embargo así ocurre, el filme pone en juego todos los recursos para otorgar la mirada a las mujeres. Ellas determinan su propia identidad por medio de la transgresión y la búsqueda de la independencia, fuera del discurso masculino, ellas eligen enfrentarse a una vida en la que puedan regir sus propios destinos. En cualquier filme patriarcal tal transgresión de las normas sería castigada con la exclusión social, la muerte o la obligación de la vuelta a las normas.

En la película, aunque se vean envueltas en ciertas desgracias y penurias, su capacidad de seguir adelante, de luchar, las mantiene a flote y restaura su equilibrio. Normalmente se ha dibujado a la mujer que no tiene un hombre a su lado como un ser en soledad, que en el filme no ocurre. La soledad les llega por otras carencias, la del hijo, o el amor (Huma, amor maternalizado también), pero la ausencia del hombre no implica en ningún momento amargura porque tienen muchas otras cosas de las que ocuparse. En la medida en que el discurso femenino pasa a primer plano, el universo masculino se vuelve algo extraño y ajeno. Los únicos hombres del filme (dejando de lado a Lola y a Agrado, de quienes hablaremos más tarde y a

Esteban, aún no catalogado como hombre por su adscripción al mundo de la madre) son el padre de Rosa y Mario. Como ya hemos visto, el primero es un hombre ausente, un padre sin competencia, un marido dormido con un discurso incoherente e inútil. Mario está perfilado en un tono bastante humorístico, parece casi un pelele manejado por Agrado dialécticamente, cuya única función es ser el contrapunto de las actrices en la obra de teatro. El mundo masculino se ha transformado en lo Otro, en lo ajeno al mundo en que nos mantiene inmersos la película.

También el amor ha adquirido tonos feminizantes en cuanto que se reduce (o se amplia) al amor maternal y al amor entre mujeres, la solidaridad femenina de la que hablaremos más adelante. Incluso Manuela afirma, hablando de las mujeres: «¡Somos gilipollas! Y un poco bolleras». Con esto, en realidad pretende hacer referencia a esa especie de lazo que las une entre sí por el simple hecho de pertenecer al mismo sexo. Cuando Huma, que apenas conoce a Manuela, le confía su más íntimo secreto y Manuela se sorprende, ella le suelta una frase teatral que en realidad esconde gran parte de verdad: «Yo siempre he confiado en la bondad de los desconocidos». De las desconocidas en este caso, pues lo que une realmente a estas mujeres en su dolor es el hecho de ser mujeres.

En Huma y Nina encontramos la historia de amor de pareja más representativa; pese al carácter maternal es una relación amorosa, ya que la de Manuela y Esteban-Lola sólo queda en el recuerdo. El mecanismo de la melancolía enunciado por Freud expresa el peligro de abandonar un estado amoroso:

Primero existe una elección de objeto; la libido se apega a una persona determinada; después, debido a una injuria real o a una decepción relacionada con la persona amada, esa relación con el objeto se ve perjudicada. El resultado no es el normal, la retirada de la libido respecto a su objeto, y la transferencia a otro nuevo [...] La libido liberada retrocede al propio yo y no se orienta hacia otro objeto. Allí no encuentra aplicación [...] sino que sirve simplemente para establecer una identificación del yo con el objeto abandonado. De ese modo, la sombra del objeto recae sobre el yo y, a partir de ese momento, es posible que una facultad mental específica critique a ese yo en calidad de objeto, del objeto olvidado (FREUD, 1955).

Una vez abandonado el objeto existe el peligro de caer en el narcisismo, de refugiarse en el yo. Eso es lo que le ocurre a Huma, ella se oculta en sí misma, vuelve la mirada hacia su propia persona. Durante toda la película su mirada se dirige hacia el objeto amado, hacia Nina, pero en los momentos de mayor crisis la frustración se refleja en ella. No es casual que en el momento en que Nina desaparece, cuando Huma y Manuela la busquen desesperadas, en el coche Huma analice su vida y se sienta miserable y triste: «Humo es lo único que ha habido en mi vida». Huma está comenzando a interiorizar la frustración de ese amor en la decepción consigo misma. Al igual que la persona que siente una pérdida y experimenta deseos suicidas por querer matar a ese yo en lugar de al objeto amado, Huma quiere odiar a ese objeto pero sólo consigue odiarse a sí misma.

Al igual que Nina se encamina hacia su propia autodestrucción con las drogas, Huma muestra esos mismos signos, si no de destrucción, sí de autoengaño y evasión con el alcohol; cuando Nina recurre al caballo ella acude a su pequeña petaca, refleja en sí misma todos los sentimientos que no es capaz de reflectar en Nina. Sin embargo, y si bien su reacción parece encaminarse hacia el convencionalismo de los filmes patriarcales, el filme ofrece una nueva salida para Huma, que se ve capaz de sobrevivir al victimismo al que la obliga la cultura. Al ser abandonada por Nina, Huma puede reflejar su ira contra ella y no contra sí misma —como venía haciendo a lo largo de la relación—, Huma es capaz de darse cuenta de que los errores de Nina no son los suyos propios y de que puede enfrentarse a ellos. Y si se da cuenta es porque en el filme en ningún momento se le roba la mirada por el hecho de ser mujer, no se la obliga al sacrificio femenino propio de las estructuras de relato masculinizadas en las que la heroína está condenada al sufrimiento o a la muerte si no se atiene a las normas. En este caso, Huma decide cerrar su mente al objeto amado y seguir viviendo, ella es sujeto y no objeto de la acción. Por ello, cuando Manuela pregunta por Nina después de dos años Huma aprieta los labios y calla. Incluso tras la explicación de Agrado, Huma se niega a hablar, a pensar en el objeto perdido y se refugia en su trabajo. Su gesto muestra una altivez, un orgullo que riñe con la idea de la transposición del fracaso a su persona. Ni siquiera quiere pensar si ha fracasado, en qué ha fallado ella o la propia Nina. Sólo se centra en su función, vuelve a la ficción para olvidar.

«Te veo después». Son las últimas palabras de un filme que representan el deseo de continuar, de seguir. En ellas se condensa la filosofía de la película, la fuerza de unas mujeres que pese a las terribles circunstancias que rodean sus vidas deciden seguir luchando. En ningún momento el filme les roba la mirada ni las convierte en objetos, ellas deciden vivir pese al destino, no permiten que el azar acabe con sus esperanzas.

¿De qué forma se estructura la mirada a lo largo del relato para poder afirmar que estamos ante una mirada puramente femenina? ¿Cómo introducir en este esquema la idea del travestismo, del hombre hecho mujer? En primer lugar diremos que es evidente que las mujeres estructuran la mirada en el filme, ellas miran y se miran a sí mismas en muchas ocasiones. Manuela lleva la mirada en todo momento, parece que nada que no se relacione directamente con ella debe tener lugar. Está presente en casi todas las escenas y las historias de los personajes las conocemos desde su punto de vista. Por ejemplo, en el caso de Nina y Huma no vemos en la pantalla una sola escena en que estén solas, sin la presencia de Manuela. Conocemos el amor de Huma, su desesperación, e incluso el problema de Nina es expresado por labios de su amante, siempre para los oídos de Manuela. Las veces que se las ve juntas se reducen al camerino, siempre con Manuela presente, al escenario, absolutamente rodeadas, y a la calle cuando salen del teatro o Nina parte en busca de droga, y en todos esos momentos la figura de Manuela se interpone. Es el símbolo de que la idea de la madre pulula eternamente en la relación de estas dos mujeres.

El caso de Rosa es exactamente el mismo, se hace presente cuando Manuela está delante. Incluso cuando habla a solas con su madre, en realidad es una prolongación de la secuencia en la que Manuela presencia la relación entre ellas, tanto en el piso de la madre, como en el de Manuela, donde ella está en la habitación contigua. La historia de Rosa se hace visible en los ojos de Manuela, los personajes no parecen existir fuera de la mirada de la protagonista. Y de hecho así es, la impresión que queda en nosotros es exactamente la misma opinión que Manuela sustenta acerca de ellos. Rosa está dibujada como una niña inocente, solidaria, condenada a un mundo adulto, tal como la ve Manuela, como su niña. Huma es la gran diva según las palabras de Manuela (puestas en boca de Rosa): «En el escenario eres una gran actriz, pero en la vida estás muy equivocada». Incluso Nina, desagradable e insultona, pero que inspira cierta simpatía, obedece a la impresión que de ella tiene Manuela. Nina no la soporta desde el principio, pero Manuela no se deja vencer e intenta tratarla bien y ser agradable con ella, en esa especie de rechazo y atracción que nos inspira. Incluso con ella, otra culpable indirecta de la muerte de su hijo Esteban, Manuela es capaz de actuar como una madre protectora y ayudar a Huma a buscarla.

La misma Lola, desde el momento en que se materializa, sólo lo hace ante los ojos de Manuela (y momentáneamente de la madre de Rosa), si la visualizamos es simplemente porque Manuela la está mirando. La vemos desde el mismo ojo de Manuela, primero desde la lejanía del cementerio, luego en la cercanía del primer plano cuando se sienta en las escaleras con Manuela, al final desde el medio plano del bar cuando acuna al hijo que Manuela le ofrece. Fuera de eso, Lola sólo existe en palabras, ya sea pronunciadas por la misma Manuela, o incitadas por ésta. Nadie habla de Lola hasta que Manuela no pregunta, y siempre en su presencia, pese a que todas tienen su historia con ella es Manuela quien consigue que se hable de aquella, quien hace que se vean las cosas a su manera: «¿Pero cómo se te ocurrió follar con ella? No ves que se pincha desde hace al menos quince años».

Manuela enfrenta a Rosa (e incluso a Huma) con una realidad que ya intuía, con unos miedos que intentaba esconder. De esta forma se convierte en una especie de demiurgo organizador, todas las miradas se estructuran alrededor de la suya porque el filme parece querer decir que no hay otra forma de mirar que a través de los ojos de la madre sufriente. O, como Carmona expone:

Porque nada hay más fascinante en un filme que ver mirar y, como corolario, seguir el vector de esa mirada como designación de un recorrido perceptivo que condiciona nuestro acceso a la textualidad de los objetos (CARMONA, 1993, 39).

En este caso la mirada pertenece a Manuela, pues sin ella no existen las pequeñas historias que la rodean y suceden en su presencia. Una excepción a esta mirada es el personaje de Agrado (de nuevo se nos revela como excepción). Ya hemos mencionado que su papel sirve de contrapunto cómico, de pausa para respirar en un melodrama cargado de tensiones. De ahí que posea la suficiente entidad para aparecer en escenas sin la mirada de Manuela, ella se basta a sí misma para mirar. En efecto, Agrado es un personaje con mirada propia, lo que no quiere decir que las demás no la posean, sino que la mirada de Agrado es la que más capacidad tiene de volverse hacia sí, de automirarse, autocriticarse y autocomplacerse sin necesidad de que percibamos su presencia en los ojos de Manuela, ya que ella debe darnos ese respiro, ese cambio de aliento, esa otra mirada para la nuestra propia. Si, como tantas veces afirma, su nombre viene de su afán por hacerle la vida agradable a los demás, también cumple esa función haciéndonos agradable el fluir del filme, sin una tensión excesiva que frustre el distanciamiento necesario para la obtención del placer.

Agrado es uno de los personajes más curiosos de la película. Desde el principio despierta simpatía en el espectador y es situado en el universo femenino, es considerada mujer porque así mismo se denomina ella. Sin embargo, el filme no se cansa de repetir el hecho de que ella posee pene. ¿Se es menos mujer por tener un órgano masculino en vez de femenino? ¿Qué es lo más importante a la hora de diferenciar los sexos? Agrado dice mantener el órgano masculino por su trabajo: «Las operadas no tienen trabajo. A los clientes les gustan neumáticas y bien dotadas [...] un par de tetas, duras como ruedas recién infladas y además un buen rabo». Bajo esta afirmación, se entrevé una crítica, común en Almodóvar, al hombre machito que tanto ridiculiza en sus películas. Es evidente que los clientes de Agrado no se consideran homosexuales, pues no buscarían un cuerpo de mujer, sino hombres que se creen heterosexuales y engañan sus conciencias con la impresión de estar con una mujer.

Mario es un ejemplo de esa clase de hombre acusado por el filme. El retrato que se hace de él mediante el personaje de Kowalski es el del marido machista y celoso, esa clase de hombre tan típico en otros tiempos y que Almodóvar siempre ha criticado. En la realidad se muestra como un ser sin mirada, dejándose llevar, totalmente manejable. Cuando Mario le dice a Agrado: «¿No me harías una mamada? Es que estoy muy nervioso» en una cómica escena, rebaja la idea que teníamos de él, se muestra casi como un muñeco sin apenas esencia (y desde luego sin mirada). Agrado le resume la ironía de la situación con una pregunta tan evidente como irrebatible:

«¿Y la gente te pide por la calle que le comas la polla, sólo porque tú tengas polla?».

En realidad la explicación psicológica a esta especie de obsesión masculina por el pene no es tan disparatada:

La sexualización y cosificación de las mujeres no tiene únicamente propósitos eróticos; desde un punto de vista psicoanalítico, pretende eliminar la amenaza que representa la mujer (un ser castrado y que posee un órgano genital siniestro) [...] Incluso la glorificación de las mujeres por parte del hombre tiene su origen no sólo en su hambre de amor sino también en su deseo de ocultar su miedo (KAPLAN, 1983, 64).

123

Miedo a la vagina, claro, y a la propia castración. De hecho el concepto de fetichismo parte de la misma base, ya que «acrecienta la belleza física del objeto y lo convierte en una cosa satisfactoria» (MULVEY, 1996, 10). Al otorgar a la mujer la categoría de algo convertible en pene (el cabello largo, un zapato...) la mirada masculina consigue ver a la mujer como poseedora de pene y, por lo tanto, se amortigua la amenaza de castración en cuanto que la mujer no es visualizada como «carente de». En este contexto, ¿qué puede ser menos amenazante que una mujer con pene? Esto es lo que es Agrado, una mujer con pene, pero mujer al fin y al cabo porque ella se siente como tal.

Agrado no sólo es mujer porque lo desee, sino porque sobre ella se orienta un tipo de mirada que la sitúa lejos de la función que tradicionalmente se ha atribuido a la mujer, se la presenta como persona totalmente diferenciada. Ella ejerce su sexualidad por dinero y por placer (ya que está dispuesta a acceder a la petición de Mario para que vea lo liberal que es), pero nunca entra en los juegos de seducción, no emplea su propia sexualidad para alcanzar algo. A pesar de saber la atracción que despierta («¡Qué obsesión os ha entrado a toda la compañía con mi polla! Ni que fuera la única»), jamás la usa para conseguir algo fuera de su trabajo como prostituta. Justo al contrario del retrato que ofrece el cine patriarcal de la mujer que emplea su belleza y sexualidad como arma perversa.

Por ello, Agrado se acerca mucho más al ideal de mujer que no representa una amenaza para el hombre, que no es contemplada como un ente que debe ser subordinado y acallado por el peligro que representa. En este sentido, Agrado es mucho más mujer que cuantas representaciones se hayan hecho hasta ahora. Ella, que se ha creado a sí misma con ayuda de la cirugía, el trabajo y el esfuerzo personal, se acerca más al prototipo femenino que debería expresarse. El filme se ocupa de otorgar a Agrado una mirada que es capaz de irradiar hacia el espectador y hacia sí misma. Teniendo en cuenta que la identificación espectatorial puede moverse de un personaje a otro a lo largo de la acción, es previsible, por la colocación de la mirada, que Agrado se lleve esa identificación de manera absoluta cada vez que aparece. Es la mirada femenina hecha carne, el ideal que cada cual tiene de sí.

El travestismo de Lola nada tiene que ver con esta imagen de Agrado. También él se considera una mujer con pene, sin embargo la lectura que se hace del filme le inscribe más en el mundo masculino, al menos en principio, aunque ya veremos la dualidad que implica su visión a lo largo del filme. Lola no parece transformarse en mujer porque realmente ansíe serlo, al menos pocas pistas se nos ofrecen al respecto, sino porque ama lo arriesgado, lo diferente, lo que está fuera de la norma: «Yo siempre fui excesiva». Efectivamente fue excesiva, egoísta, pero también conservadora y tirana: «¿Cómo se puede ser machista con ese par de tetas?». Lola también conserva su miembro viril porque nunca se siente pertenecer del todo al mundo femenino y porque, y esto es más importante, su deseo de ser padre, de engendrar (en la forma en que sólo un hombre puede hacerlo) puede más que cualquier otra cosa: «Ya sabes que siempre deseé tener un hijo». Su emoción al ver a su bebé, al ver la foto del hijo muerto, corrobora sus palabras. Lola guardaba su pene para poder tener hijos, y así fue, aunque también sembró la muerte.

En mi opinión, Lola en sí misma representa la mirada masculinizadora que ha existido siempre en cierto tipo de cine. Ella es el ser que cosifica a los demás, que es capaz de robarles la mirada y subordinarlos a él: «Él se pasaba el día embutido en un biquini microscópico tirándose todo lo que pillaba, y a ella ¡le prohibía llevar minifalda! El día que iba un poco corta, o se ponía biquini para bañarse, le montaba un numerazo ¡el muy cabrón!». Su falta de consciencia le lleva incluso a dejar embarazada a Rosa aun sabiendo que eso era su sentencia de muerte, a robar a su mejor amiga para volver a casa... Él representa todo lo contrario de las mujeres que aparecen en el filme, es totalmente insolidario, en absoluto tolerante, egocéntrico.

Sin embargo, también es verdad que este egoísmo y falta de consideración es expresado a través de la mirada femenina que se ejerce sobre Lola. Antes de conocerla se hace un retrato de ella en términos absolutamente patriarcales, tiranizada, lo cual no se conjuga muy bien con la imagen que se nos ofrecerá de ella. Cuando coge a su hijo en brazos o llora ante la foto de Esteban, el adolescente muerto, Lola se nos aparece como un ser tierno, con una actitud absolutamente maternal y dulce. Incluso su aparente crueldad al robar a Agrado, es justificada por la nostalgia y la necesidad de visitar el pueblo antes de morir. El recurso es muy interesante porque nos revela lo que las películas patriarcales niegan, y es que se puede ejercer una mirada genérica.[16] En esta mirada femenina vemos a una Lola diferente de la que visualizamos en pantalla. La Lola encarnadora de la muerte parece lejana y difusa, pero es la misma Lola, la Lola dual cuyo sexo es difícil de definir, y cuyo género establece nuevas pautas de interpretación.

¿Puede ser que Lola encarne lo mejor y lo peor de lo femenino y lo masculino, que exista una disociación entre Esteban y Lola? Manuela dirá en una ocasión que «Lola encarna lo peor de un hombre y lo peor de una mujer». Así parece, en efecto, pues Lola se define como una criatura cuyo único pensamiento se reduce a sí misma. En una película tan centrada en la maternidad probablemente el peor pecado resultaría el abandono de los hijos, abandono que no se atribuye a Lola en tanto que desconoce su paternidad. Sin embargo, ¿es menos culpable por el desconocimiento? Después de abandonar a la hermana Rosa, a sabiendas de lo que podría haber causado su imprudencia, Lola también está, en cierta manera, abandonando su fruto. Sólo ante la visión de la muerte decidirá reconciliarse consigo misma y con aquellas a quienes hirió, cuando sepa del nacimiento de su hijo se despertará su instinto maternal. El único instante en el que demuestre humanidad, tras el relato que se nos ha hecho de su persona, será ante su maternidad, sólo ésta despierta el alma dormida de alguien calificado de epidemia. Efectivamente, con su comportamiento masculinizado y patriarcal, y la muestra de su maternidad más exacerbada, Lola hace gala de una polaridad que confirma lo que Almodóvar ya venía anunciando: la llegada a un nuevo orden en el que los pa-

16. Considerándola en el concepto de género como grupo de valores y categorizaciones atribuidas a los roles de los sexos.

peles no queden definidos por el sexo y en el que los valores deban regirse por varemos diferentes a los conocidos.

La película, que ha otorgado en todo momento la mirada a las mujeres, le da a él una mirada diferente, aunque igualmente fuerte. Pues aunque el punto de vista es llevado por Manuela, en presencia de Lola él es capaz de arrastrar la mirada espectatorial de una manera clara, la cámara, identificación voyeurista del espectador, se centra en él, en su rostro, es el ente desconocido del que tanto se ha hablado y tan poco sabemos en realidad. Lola supone un contrapunto a la mirada de Manuela, es en el fondo el elemento más masculino del relato y se diferencia con mucho del personaje de Agrado, pese a que ambos compartan un nexo común: el de ser mujeres con pene.

Lo más interesante del hecho de que Manuela lleve la mirada es el carácter espectatorial que también se le confiere. Manuela no sólo conduce nuestra mirada como espectadores, es decir, asumiendo casi el eje de la cámara que nos otorga capacidad voyeurística, sino que adopta a su vez esas características de *voyeur* en cuanto que se convierte en espectadora consciente de su propia historia. No sólo vive su vida, sino que es capaz de contemplarla desde lejos a través de esa especie de gafas que colocan en su mente el cine y el teatro. En la obra *Un tranvía llamado deseo*, ella contempla el pasado de su propia vida: la historia de Stella, una mujer con un bebé que decidirá abandonar a su marido, es absolutamente paralela a la suya. Ella abandonó igualmente a Lola en cuanto quedó embarazada de Esteban. De esta manera, su vida se representa en el teatro igual que se representó en la realidad y ella puede ejercer los mismos mecanismos de distanciamiento e identificación que nosotros como espectadores.

El cine también le devuelve guiños que la convierten en espectadora inconsciente, en esa Eva Harrington de *Eva al desnudo*, en los escritos de su hijo, en su vida (esta vez futura). La obra que Huma ensaya le devuelve la tragedia de la muerte de su hijo, la llaga de su maternidad truncada. Incluso al hablar con Rosa, cuando sentada en el sofá escucha el relato de su historia, la coincidencia con su vida la golpea. Esta vez escucha, mirada sin ojos, lo que Rosa cuenta, el embarazo provocado por Lola, Manuela revive su propio pasado. Continuamente Manuela ocupa esa posición espectatorial que nos corresponde a nosotros, por lo que el espectador se convierte, a su vez, en mirador del que mira en un recurso que clarifica los mecanismos cinéfilos. La diferencia de este carácter espectatorial de Manuela, y lo que no la sitúa en la pasividad, es el hecho de que ella no desea convertirse en espectadora. Cuando su hijo le cuenta que va a escribir un libro sobre ella, Manuela rechaza la idea, no le gusta ver su vida reflejada en una obra, leer su propia historia. Incluso por primera vez acude al teatro con Esteban porque es deseo de éste, no de ella. Manuela no quiere ser una parte ausente y contemplativa de su existencia.

En el momento en que el espectador percibe que está observando a alguien que observa también (Manuela y Esteban o Manuela sola en el teatro) se revelan una serie de juegos que el cine pone en práctica y que son, normalmente, invisibles. Nos damos cuenta de que miramos porque percibimos a otro mirando, casi un *alter ego*, y esto fortalece aún más la idea de Manuela como portadora absoluta de la mirada. Al mirarla mirar comprendemos que ella es la representación misma de nosotros, que se ha convertido en nuestros ojos porque condensa en su ser todos los tipos de identificación y miradas imaginables: el del ojo de la cámara, el de sí misma en cuanto protagonista, la mirada de la mujer recuperada tras la superación de la coerción patriarcal y la asunción, no voluntaria en principio, del papel espectatorial como reflejo de nuestra esencia de miradores. Con esta fabulosa riqueza de matices el filme describe el concepto de mirada en los ojos de una mujer y de una madre.

Un diálogo entre textos

Ya explicamos al comienzo del libro que la obra de Almodóvar se caracteriza por su capacidad para introducir referencias a todo tipo de artes, narrativas y cinematográficas, otorgándoles su sello personal de forma que se inscriban con absoluta fluidez dentro de la película. Sus influencias son fáciles de seguir en el trayecto de sus trabajos pero a su vez adquieren un tinte diferenciador que las convierte en parte de su propio mundo. Él absorbe dichas influencias, las moldea, las utiliza y las hace renacer. No hay textos sino relaciones entre textos que dependen de un acto crítico de lectura que hace el autor de lo que otro autor ha compuesto anteriormente, por lo que todo texto sería un ejercicio de intertextualidad. En Almodóvar esto es obvio, pero con dos variantes interesantes y novedosas: que su uso de materiales preexistentes supone una total reelaboración de los mismos y la creación de un universo intransferible a su vez (no se puede intentar partir de Almodóvar sin parecerse irremediablemente a él), y que además de adoptar influencias diversas, se reelabora a sí mismo, sus propios filmes son fuente de nuevas referencias, con lo que ejerce una intertextualidad consigo mismo.

En referencia a este segundo punto, Almodóvar toma en muchos casos como referencia obras de otros autores, más como algo lateral que básico en sus películas. En *Todo sobre mi madre* se pueden hallar varias de estas alusiones al respecto. En primer lugar nos encontramos con las citas literarias directamente relacionadas con Esteban. Manuela le regala un libro de Truman Capote, *Música para Camaleones*, y él le ruega que le lea un párrafo. No casualmente ella le lee el epígrafe que define perfectamente el dolor al que debe enfrentarse el escritor, el creador en general: «Empecé a escribir cuando tenía ocho años. Entonces no sabía que me había encadenado de por vida a un noble pero implacable amo. Cuando Dios le entrega a uno un don, también le da un látigo: y el látigo es únicamente para autoflagelarse». La elección de este fragmento obedece a un intento de sintetizar la angustia de Esteban, que se identifica perfectamente con esas palabras.

Ya explicamos al principio que la literatura era para Esteban el sustituto del orden simbólico que no podía encontrar en el padre. Al carecer de él, el muchacho se refugia en la literatura como fuente de mitos, y en su propia expresión como necesidad de plasmar los deseos de unos recuerdos que no posee. El don de escribir es para él esa autoflagelación de la carencia, un vano intento de acceder a lo inaccesible, de ahí que resulte tan doloroso. También quedó explicado que, mientras él exigía su paso a ese orden, su derecho al conocimiento, Manuela no comprendía (véase el apartado sobre la maternidad), ella aún no capta la necesidad de esa verdad. Estas ideas se formalizan en el libro y la conversación que le sucede clarifica la situación simbólica en la que ambos se encuentran: «Manuela: "Es como para que se te quiten las ganas de escribir"». «Esteban: "¡No seas bruta! Es un prefacio maravilloso"». Evidentemente Esteban se identifica plenamente y Manuela todavía no posee el entendimiento, que le llegará tras el aprendizaje que suponga la muerte del hijo. Al menos tras su muerte le quedará el cuaderno de Esteban, ese proyecto de libro sobre su madre que es todo cuanto tenía como alternativa al orden simbólico del padre, lo que ella deberá completar precisamente con la búsqueda del padre.

Otras referencias de la película se relacionan con el cine, al cual Almodóvar querrá homenajear (concretamente a las actrices). Se trata del filme *Eva al desnudo* que Manuela y Esteban ven en casa. Esta película es una síntesis del homenaje que Almodóvar dedica a todas las actrices que han hecho alguna vez de actrices, entre ellas Bette Davis o Gena Rowland y de su concepción de la narración, como de hecho escribe en el guión: «A Esteban, el escritor adolescente, le invade la sensación de hallarse ante el origen del espectáculo, y de la narración, en general: una mujer contándole su historia a un coro de mujeres».[17]

Eso es precisamente lo que se ve en la escena: Eva Harrington entra en el camerino y cuenta su historia a las tres mujeres que, con escepticismo o total entrega, la escuchan embelesadas. En realidad, y aunque aún no lo saben, lo que les cuenta es una sarta de mentiras (que quizás ella misma acaba creyendo). Esto refleja también la intención primera de Almodóvar de crear una historia sobre la capacidad de actuar de personas, mujeres, que no son actrices, la capacidad innata de mentir. Para ello toma como ejemplo el paradigma de la mentira, la creación del relato: las mentiras de una aspirante a actriz a otra ya consagrada, mentiras entre dos mujeres que viven precisamente del fingimiento, suponen la culminación del concepto mismo de mentira. No olvidemos, por otro lado, que la inclusión de esta escena servirá como método de anticipación del destino, tan utilizado en el filme, en tanto que anticipación de lo que va a ocurrirle a Manuela en el futuro cuando también deba arrebatar a Nina el papel en la obra.

Las referencias al cine, y a un cine de actrices, se repetirán más adelante cuando las mujeres se encuentren reunidas en casa de Manuela. El comentario de Agrado nos remite directamente a éste: «¡Pero bueno, qué sorpresa! Tres chicas solas, en una casa con pocos muebles siempre me recuerda *Cómo casarse con un millonario*». De nuevo estamos ante un ejemplo de fingimiento, en este caso el de dos actrices que interpretan a mujeres que deben fingir en realidad (en la realidad de la ficción) para poder cazar a un hombre con dinero, y otra vez la idea de la mentira se pone sobre el tapete con un juego de analogías. Incluso la muerte de Esteban, atropellado por un coche en plena noche, es un homenaje a una escena semejante del filme *Opening Night*.

Probablemente, la referencia más explícita que se hace en el filme sea la dedicada al teatro. La obra de Tenessee Williams, *Un tranvía llamado deseo*, aparece continuamente en escena y se nos representan numerosos fragmentos de la misma, con una intención que va más allá de la estética. La función que cumple esta obra dentro del filme es doble: por un lado es a la vez anticipación y relato del pasado, y por otro tiene la virtud de convertir en espectadores de su propia historia a los personajes de la película, especialmente a Manuela.

La primera escena que se nos ofrece es la que ven Esteban y Manuela en el cumpleaños de éste. En ella el médico y la enfermera acuden a llevarse a Blanche Dubois al psiquiátrico, mientras ella piensa que, en realidad, acude a una cita con un hombre. La frase con que Blanche/Huma sentencia su situación al ser ayudada por el médico, será la misma que dedique más adelante a Manuela en agradecimiento a su ayuda (anticipación, pues, del futuro): «Gracias. Quienquiera que sea, siempre he confiado en la bondad de los desconocidos». También tendrá que confiar en la bondad de Manuela. Dentro de la misma escena, la hermana de Blanche, Stella, se rebela por fin contra su desconsiderado marido. Con el niño en brazos decide abandonar la casa: «No volveré a esta casa nunca más. ¡Nunca!».

Mientras, Manuela la contempla emocionada por los que le provoca recuerdos, recuerdos dobles. Por un lado le trae a la memoria la interpretación que ella hizo de esta obra, donde conoció a su marido, y por otro, la repetición de esa misma vivencia en su vida, ya que tuvo que abandonar a su marido embarazada de Esteban. Por lo tanto, la autorreferencialidad es extrema en este guiño intertextual: Manuela ve la escena y recuerda su propia interpretación de la misma, lo que recuerda era ya entonces anticipación de su futuro, y otra vez rememora ese pasado que era futuro. La segunda escena es una reiteración de esta primera. Esta vez Manuela acude a verla sola, sin Esteban, como deja patente la butaca vacía a su lado. Stella vuelve a repetir a Kowalski su intención de marcharse y Manuela rememora lo mismo que la vez anterior, más el recuerdo de la propia vez anterior, cuando perdió a Esteban. Este recuerdo, ya triple, lleva la intertextualidad a grado sumo y consigue arrancar uno de esos escasos momentos en que Manuela, pese a sus desgracias, se permita llorar.

Como hemos visto, estas primeras referencias teatrales sirven para la descripción de Manuela, para el relato de su pasado y su futuro. La siguiente escenificación retrata a Huma, a la vez intérprete de su propio relato. Huma/Blanche pregunta por su corazón (guiño a la situación de Manuela también en busca de un corazón) y Stella le entrega su joyero, que tiene dicha forma. Stella habla con Eunice sobre sus remordimientos por haber llamado a la clínica, aunque sabe que si cree a Blanche no podrá seguir viviendo con Stanley. Entonces Eunice pronuncia la frase que describe perfectamente a Huma (no sólo en su papel de Blanche, sino en la realidad): «¿Blanche? Blanche no está en condiciones de decir la verdad aunque quisiera, la pobre». Efectivamente Huma no puede decir la verdad, como ya explicamos en el apartado «El juego de la mentira», su vida se basa en el fingimiento, en su trabajo, ante sí misma y ante los demás: no puede sino engañar porque su vida personal fracasa y su trabajo consiste en eso. De esta forma, Almodóvar escoge el fragmento más representativo para irnos introduciendo a los personajes o reforzar determinados conceptos sobre ellos, de modo que la utilización de otros textos cobra funciones descriptivas. El uso de referencias deja de tener un carácter de puro homenaje y pasa a introducirse en la narración.

Un ejemplo claro de esa transposición de lo que ocurre sobre el escenario a la realidad misma del relato es la escena que interpreta Manuela en sustitución de Nina. En ella repite una escena de celos y brutalidad que probablemente tuvo en su día con Lola. A la vez, la regresión de Manuela hacia su pasado es máxima cuando siente la barriga de embarazada, su vida y la ficción se funden de tal forma que Manuela, más que fingir, vive el dolor de Stella en su carne. El recurso del teatro se convierte en el escenario de la realidad, allí donde se actúa sobre la propia vida, y otra vez es enorme la fusión entre ficción y realidad, perfectamente reflejada en esta idea. Almodóvar emplea otros textos como complemento, sí, pero no lo hace porque lo necesite sino por la riqueza que consigue aportar al suyo en función del tratamiento que da a los textos ajenos. Él los recrea, de la misma manera que recrea su propio universo, en los sentimientos de los personajes. Al igual que el espacio era la expresión última de pulsiones interiores, el espacio de la intertextualidad es el mundo de los sentimientos, de las interioridades de quien puebla el personal territorio de la narración. Es de esta forma como el director consigue que los textos ajenos se conviertan en propios e individuales, en una especie de fagocitosis: él es el gran devorador de textos.

Además de este flujo de influencias externas, Almodóvar vuelve a emplear recursos de sus otras películas, referencias que, en muchos casos, no pudo o no quiso ampliar y que amplía ahora. Son una especie de guiños que él elabora hacia su propia obra una y otra vez y que también se hacen patentes en *Todo sobre mi madre*. Esto es posible gracias a una de las características más notables del director, la creación de historias paralelas a la principal que se enlazan con ella aportándole gran versatilidad. Esta capacidad para la película coral, para la amalgama de pequeños relatos, hace que le resulte natural convertir dichos relatos en el germen de nuevas historias. La riqueza de las historias tangenciales consigue elevarlas en muchos casos al nivel de las historias principales.

El caso de *Todo sobre mi madre* es paradigmático al respecto. La semilla del argumento se recoge de uno de sus filmes anteriores, *La flor de mi secreto*, en una de cuyas escenas se vivía una situación exacta a la de Manuela. Una enfermera homónima debe realizar una dramatización de donación de órganos, en el papel de una madre que ha perdido a su único hijo en un accidente de moto. Se trata de un personaje totalmente secundario en dicha película, y sin embargo, la necesidad del autor de sacar adelante su idea sobre la capacidad de actuación, le lleva a cargarlo de fuerza y a reeelaborarlo en esta película. Manuela vivirá la misma historia que se representaba en *La flor de mi secreto* en su doble vertiente: por un lado la dramatización, pues ella es igualmente enfermera, y por otro la muerte del hijo que representaba dicha dramatización, un chico de dieciséis años, tan cercano a Esteban, que muere, como él, en accidente de tráfico. A partir de ese pequeño bosquejo del personaje de la enfermera, Almodóvar constituirá el argumento de su última película hasta el momento.

Algunos otros ecos de sus obras anteriores nos vienen dados, por ejemplo, por el personaje de Huma. Almodóvar creó este papel especialmente para Marisa Paredes, totalmente en la línea de sus interpretaciones anteriores, en una especie de eterna prolongación de su imagen reflejada. Si en *Tacones le-*

janos se introducía en la piel de una famosa diva de la canción
cuya vida personal es un fracaso, debido a la fallida relación
con su hija a quien incluso le roba el marido, y en *La flor de mi
secreto* es la escritora de éxito desesperada de desamor porque su marido la ignora totalmente, en *Todo sobre mi madre* re-
toma ese mismo personaje en la figura de una estupenda actriz
que no puede triunfar fuera del escenario y debe reducir su intimidad a él. Ella vive ese papel a lo largo de los últimos filmes
del director, el papel de una mujer con poco más que éxito profesional, admirada y adorada, pero absolutamente sola. En la
vida de Huma, de Leo o de Becky solamente ha habido humo y
una existencia herida que se oculta tras un falso triunfo. Almodóvar la reinventa en cada nuevo ser.

Algunos otros personajes aparecían ya dibujados en alguno
de sus filmes, como es el caso de Miguel Bosé en *Tacones lejanos*, en el papel de un travesti embutido en un vestido de mujer,
pero capaz de ser padre. Es, evidentemente, un precursor de
Lola, incluso físicamente la versión de Lola joven, en la foto, nos
recuerda irremediablemente a aquella melena rubia que Bosé lu-
cía en su imitación de Becky, los dos personajes que entonces
se veían un momento ya no se rozan en *Todo sobre mi madre*,
aunque sus vidas se entrelacen a través de Manuela.

Penélope Cruz interpreta un papel ya anunciado en su película anterior, *Carne trémula*. Aquí daba a luz en un autobús a un
hijo que apenas la conocería. La maternidad frustrada que ejerce se repetirá en la película que nos ocupa, donde de nuevo en-
gendrará a un niño para morir poco después. Lo más
interesante es que, pese a interpretar los dos extremos más
opuestos de la feminidad y los únicos permitidos a la mujer en
el cine patriarcal, a saber, la prostituta y la monja, el personaje
está tratado con igual mimo. Penélope, como madre de Víctor o
como Rosa, no deja de ser una criatura de inocente cara, una
niña con barriga. Pocas veces representa Almodóvar el embarazo avanzado, es decir, visible (ni Pepa en *Mujeres al borde de
un ataque de nervios*, ni Victoria Abril en *Tacones lejanos* aparecen con tripa), pero al hacerlo en sus últimos filmes elige de
nuevo a la misma actriz para representarlo.

En definitiva, la intertextualidad se convierte en algo cotidiano en la obra del director y, en concreto, en *Todo sobre mi
madre,* donde Almodóvar dirige continuamente miradas, guiños
al espectador, referencias, como la de Boris Vian o la del juego

joyceano entre reumático y neumático, en una estilización constante de su discurso y una búsqueda de lo cotidiano instaurada en su propia autorreferencialidad.

El último parto

La última película de Almodóvar ha tenido un enorme éxito a todos los niveles, incluido el de la crítica, que no siempre se había mostrado tan favorable a su controvertido trabajo. A pesar de ello, algunos periodistas no le han dedicado palabras de elogio, sino que han atacado duramente, con mayor o menor acierto, algunos postulados de *Todo sobre mi madre*. Sin ánimo de entrar en inútiles polémicas, este trabajo no estaría completo si no contemplara dichas críticas y analizara qué tipo de enunciados pueden fluctuar alrededor de una obra tan redonda como ésta.

En un artículo publicado en *El amante* y escrito por Quintín, se acusa a Almodóvar de conservadurismo (cuasi franquista según comparación del periodista). Según Quintín, Almodóvar no pretende arreglar los problemas, sino reducirlos a su mínima existencia y acomodarse a las exigencias de un Hollywood en el que está de moda tratar temas de homosexuales y mujeres mientras no se aborde el sexo explícitamente. De ahí que (y siempre en opinión de la revista) la vida sexual en el filme «no tenga importancia alguna. No recuerdo un filme que atribuya al sexo un carácter más banal [...] El complicado guión de *Todo sobre mi madre* se teje en torno a una constante: la función del sexo no es alimentar el deseo sino asegurar la procreación, el verdadero sentido de la vida según este Almodóvar de la madurez y el viaje a Hollywood».

En primer lugar me gustaría dejar claro lo manipulador de esta afirmación. Evidentemente en la película el sexo y las relaciones sexuales adquieren una importancia secundaria, no por el hecho de mirar hacia las buenas formas reconocidas en Hollywood sino por la temática misma. *Todo sobre mi madre* gira alrededor de la maternidad, el epicentro narrativo es precisamente la procreación porque en ella se basa el homenaje a la madre. Ya he explicado repetidamente que el filme no niega la mirada a la mujer por el hecho de ser madre, que propone una nueva forma de maternidad y que el sexo resulta algo tangencial, pero decir que Almodóvar «lo soslaya como una molestia que sirve para la procreación» resulta excesivo y maniqueo. Las relaciones sexuales de Manuela carecen de fundamento cuando lo que predomina es su dolor como madre y buscadora de la redención, las inexistentes relaciones de Huma y Nina se basan en la idea de relación maternal ya comentada, y nada tienen que ver con que Nina sea adicta a las drogas o se «cure del lesbianismo» como Quintín afirma. Y desde luego no considero que las opciones sexuales sirvan únicamente para etiquetar a los personajes, si bien pueden contribuir a ello.

Obviamente el trabajo de Almodóvar no es perfecto, y algunas de sus elecciones pueden producir estridencias, como en el mencionado caso de la aparición de Lola, o el tratamiento frívolo de alguna escena. Estoy de acuerdo en que la secuencia del ataque a Agrado está tratada con un tono que niega el peligro que corre (semejante, aunque en menor grado, al de la violación de Kika narrada dentro de la más pura comicidad), pero de ahí a decir que el «dolor parece suprimido por decreto» hay un largo camino. Creo que hay que tener extremo cuidado al enlazar algunas ideas sobre el cine de Almodóvar con actitudes de conservadurismo político. Resulta claramente excesiva la comparación de las palabras de Manuela «*Todo sobre Eva* no suena bien» con una clara defensa de la costumbre de adulterar los títulos originales y de la política de doblaje franquista que Quintín proclama. Una cosa es cometer ciertas ligerezas y otra muy diferente defender las posiciones más reaccionarias.

Almodóvar ha afirmado en varias ocasiones que *Todo sobre mi madre* forma parte de una trilogía junto a sus dos últimas películas, *Carne Trémula* y *La flor de mi secreto*, una trilogía sobre los sentimientos. No entraré a comentar dicha opinión puesto que no es objeto de este trabajo, ya que implicaría un minucioso estudio de sus dos otros filmes, así como una elaboración analítica que en nada ayudaría al estudio del filme que nos ocupa. Sin embargo, lo que sí demuestra esta idea de la trilogía es una intencionalidad por parte del autor de comenzar una nueva etapa, de adentrarse en territorios diferentes de los que había pisado hasta ahora. El afán de ruptura consigo mismo pasa incluso por la elección del lugar de rodaje, Barcelona, en vez de su tan amado Madrid. Quizá ya no vea tantas cosas que expresar en Madrid, ya tan lejos de la *movida* y de los años de experimentación. Con *Todo sobre mi madre* el director ha querido introducirse en otro tipo de «movidas», en esas producidas por su propio mundo interior, en la autoexploración voluntaria de su alma. Para ello ha escogido un tema tan cercano y que tantas sensaciones le produce (especialmente a raíz de la muerte de su madre).

Todo sobre mi madre ha sido para Almodóvar como el nacimiento de un hijo, un hijo que anuncia nuevos aires en su filmografía. En ella no olvida la autoalusión, los recuerdos y miradas a su obra, la recurrencia a las constantes de su estilo, pero todo ello aderezado con una capacidad de introspección en las interioridades de los personajes nunca antes tan perfectamente expresada en sus películas. Con *Todo sobre mi madre* asistimos al nacimiento de una nueva senda que habremos de explorar.

Documentación

Sinopsis

Manuela es una enfermera argentina residente en Madrid y especializada en dramatizaciones de trasplantes que ve truncada su vida cuando su único hijo, Esteban, muere atropellado. Era el día de su diecisiete cumpleaños y ambos habían acudido a ver la obra de teatro *Un tranvía llamado Deseo* que Huma Rojo, ídolo de Esteban, interpreta. Manuela, desesperada y vacía, decide irse de Madrid a Barcelona con una única meta: cumplir el último deseo de su hijo de conocer a su padre. Aunque esto ya no es posible, Manuela emprende la búsqueda de un esposo que abandonó hace diecisiete años y del que nunca habló a su hijo por temor a la verdad. La verdad es que su padre es ahora un travesti llamado Lola La Pionera dedicado a la prostitución y drogadicto, una realidad demasiado dura para contársela a un hijo.

En Barcelona Manuela se reencuentra con su pasado, con su vieja amiga la Agrado, otro travesti dedicado a la prostitución. La casualidad quiere que entre a trabajar como asistente de Huma Rojo, esa actriz por la que Esteban perdió la vida intentando conseguir su autógrafo, y que es amante de su compañera de reparto, Nina, una yonqui que odia a todo el mundo y sin la cual no puede vivir. A través de Agrado Manuela conocerá también a la monja Rosa, voluntaria en una casa destinada a ayudar y rehabilitar a las prostitutas y marginales, que está embarazada de Lola, a la que ayudó a desintoxicarse hace meses. Cuando descubre que además tiene el SIDA, Rosa, incapaz de arreglar la relación de incomprensión que mantiene con su madre, se refugia en casa de Manuela, que la adoptará como a una hija.

Pronto la vida de estos seres acabará cruzándose por una suerte de azares, siempre en busca de Lola hasta que, tras la muerte de Rosa en el parto, ésta aparece en el cementerio y Manuela consigue contarle la verdad: que fue padre de un hijo ya muerto y que es padre de un bebé. También Lola morirá poco después de conocer a su hijo, hijo que Manuela adopta ante el rechazo que su abuela muestra por su enfermedad. Por ello, Manuela huye de nuevo a Madrid y no regresará hasta dos años después, cuando su nuevo hijo haya negativizado el virus y su abuela haya cambiado lo suficiente como para quererle.

Ficha técnica y artística

Título original **Todo sobre mi madre**
Tout sur ma mère
Director **Pedro Almodóvar**
Ayudante de dirección **Pedro Lazaga**
Guión **Pedro Almodóvar**
Producción **El Deseo (España)**
Renn Productions (Francia)
France 2 Cinéma (Francia)
Colaboración **Vía Digital (España)**
Director de producción **Esther García**
Jefe de producción **Tino Pont**
Productor ejecutivo **Agustín Almodóvar**
Productor asociado **Michel Ruben**
Dirección artística **Antxon Gómez**
Director de fotografía **Affonso Beato (Eastmancolor-Scope)**
Montaje **José Salcedo**
Sonido **Miguel Rejas**
Maquillaje **Juan Pedro Hernández**
Peluquería **Jean Jacques Puchu**
Vestuario **Cossío, José María de Daigeler, Bina.**
Títulos de crédito **Óscar Mariné**
Script **Yuyi Beringola**
Directora de casting **Sara Bilbatúa**
Prensa y promoción **Paz Sufrategui**
Decorador **Federico García Cambero**
Regidora **María Rodríguez**
Regidor (Barcelona) **Jorge Pérez**
Jefe de eléctricos **Enrique Bello**
Especialista **Ismael Martínez**
Lugares de rodaje **Madrid, La Coruña y Barcelona**
Distribución **Warner Sogefilmes A.I.E.**
Música **Alberto Iglesias**

Dirección musical **Mario Klemens**

Temas musicales *Gorrión* **(autor: Dino Saluzzi / intérpretes: Dino Saluzzi, J. Saluzzi y M. Johnson)**

Coral para mi pequeño y lejano pueblo **(autor: Dino Saluzzi / intérpretes: Dino Saluzzi, J. Saluzzi y M. Johnson)**

Tajabone **(autor e intérprete: Ismael Ló)**

Banda sonora *Soy Manuela*

Tras el corazón de mi hijo

All about Eve

No me gusta que escribas sobre mí

Otra vez huyendo y sin despedirme

Gorrión

Todo sobre mi madre

La mecánica del transplante

Esteban, mi hijo

¿Qué edad tiene usted?

Coral para mi pequeño y lejano pueblo

Igualita que Eva Harrington

Le faltaba la mitad

¿Tú no tienes padres?

Pavana para Agrado

Ensayo en un teatro desocupado

Dedicatoria

Tajabone

Grabado en **Recording Studio Smecky (Praga) y Red Led (Madrid)**

Grabación y mezclas de música **José Luis Crespo**

Asistente de estudio en Madrid **Iñaki del Olmo**

Interpretada por **The city of Prague Philarmonic**

Solistas: Clarinete **Enrique Pérez**

Trompeta **Patxi Urtegui**

Guitarra **Fernando Egozcue**

Batería **Patrick Goraguer**

Bajo eléctrico **Paco Bastante**

Vibráfono **Alfredo Anaya**

Piano **Alberto Iglesias**

Flauta **Manuel Tobar**

Fecha de estreno **16 de abril de 1999 en Madrid**

Duración **101 minutos**

Países en los que se ha estrenado **30**

Intérpretes

Manuela **Cecilia Roth**
Huma Rojo, Blanche Dubois **Marisa Paredes**
Nina, Stella **Candela Peña**
Agrado **Antonia San Juan**
Hermana Rosa **Penélope Cruz**
Rosa madre **Rosa María Sardá**
Esteban **Eloy Azorín**
Lola **Toni Cantó**
Padre de Rosa **Fernando Fernán Gómez**
Mario, Kowalski **Carlos Lozano**
Mamen **Cayetana Guillén Cuervo**
Con la colaboración de **Fernando Guillén, Manuel Morón, José Luis Torrijo, Juan José Otegui, Carmen Balagué, Malena Gutiérrez, Yael Barnatán, Carmen Fortuny, Patxi Freytez, Juan Márquez, Michel Ruben, Daniel Lanchas, Rosa Manaut, Carlos G. Cambero, Paz Sufrategui, Lola García, Lluís Pasqual**

Premios

Festival Internacional de Cine de Cannes, 1999 Mejor dirección
Premios Goya 2000 Mejor película, Mejor dirección, Mejor actriz (Cecilia Roth), Mejor sonido, Mejor dirección de producción, Mejor música original, Mejor montaje
Premio Fipresci 1999 Mejor película
British Independent Film Awards Mejor película
Premio Ondas Mejor película
Premios Europeos del Cine Mejor película, Mejor actriz y Premio del público
National Board of Review of Motion Pictures Mejor película
Los Angeles Film Critics Association Mejor película de habla no inglesa
New York Film Critics Circle Mejor película de habla no inglesa
Asociación de Críticos de Brasil Mejor película
Premio Guldbagge 1999 Mejor película extranjera
L'Academie des Lumières Mejor película extranjera
Festival de Palm Springs Mejor película del año
Asociación de Críticos de Boston Mejor película
Globo de Oro Mejor película extranjera
Oscar de la Academia de Hollywood 2000 Mejor película de habla no inglesa

César de Oro Mejor película extranjera
British Academy Film Awards Mejor director y Mejor película extranjera.

Filmografía

Como director

Cortometrajes

Dos putas o historia de amor que termina en boda (1974, super 8 mm, 10 min)

Film político (1974, super 8 mm, 10 min)

La caída de Sodoma (1975, super 8 mm, 4 min)

Homenaje (1975, super 8 mm, 10 min)

El sueño o La estrella (super 8 mm, 12 min)

Blancor (super 8 mm, 5 min)

Trailer de Who's afraid of Virginia Wolf? (1976, super 8 mm, 5 min)

Sea caritativo (1976, super 8 mm, 5 min)

Las tres ventajas de Ponte (1977, super 8 mm, 5 min)

Sexo va, sexo viene (1977, super 8 mm, 18 min)

Folle, folle, fólleme Tim (1978, L-M en super 8 mm)

Salomé (1978, 16 mm, 11 min)

Largometrajes

Pepi, Luci, Bom y otras chicas del montón (1979-1980)

Laberinto de pasiones (1982)

Entre tinieblas (1983)

Qué he hecho yo para merecer esto (1984)

Trailer para amantes de lo prohibido (1985, TV)

Matador (1986)

La ley del deseo (1987)

Mujeres al borde de un ataque de nervios (1988)

Átame (1989)

Tacones lejanos (1991)

Kika (1993)

La flor de mi secreto (1995)

Carne trémula (1997)

Todo sobre mi madre (1999)

Como productor

Acción mutante (1992)
Tengo una casa (1995)
Pasajes (1996)

Selección de textos

La grandeza de la historia que cuenta este peculiar melodrama, por encima de la "redención de la marginalidad sexual" que destacó Umbral en una de sus columnas, es la celebración de la amistad entre mujeres. Porque es a ellas a quienes redime Almodóvar, al proponerles una verdadera liberación: que abandonen la locura de buscar al príncipe que habrá de completarlas, según los dictados de una tradición que durante siglos las ha condenado a desempeñar un papel subsidiario de seres desechables que sólo cumplían su destino junto a un hombre y a través de una esforzada maternidad, en virtud de la cual se veían obligadas a renunciar a su propia realización como mujeres, como personas independientes y moralmente autónomas. Y en ese vivir arrumbadas en las cunetas coinciden las mujeres con los homosexuales, que también son mujeres en *Todo sobre mi madre* [...] Aquí no estamos ante una celebración complaciente del universo femenino, propia del *gay* que representa el papel distinguido de confesor, cómplice o consejero pero preservando en última instancia sus privilegios masculinos, sino ante una auténtica y sentida identificación.

Leopoldo Alas, «Un grado más», *Academia,* verano de 1999, nº 26.

Las mujeres, se decía. Custodias del templo que toda existencia, conscientemente o no, eleva al Deseo. Acróbatas de una ficción que, para huir de la soledad, se inventan un amor absoluto donde los otros sólo ven un episodio o una mera comodidad. Heroínas y símbolos encarnados de un universo en el cual la plena distinción entre realidad y ficción es un sutil residuo de la guerra (entendiéndola como el combate entre las luces de la razón y los humos de la pasión, entre la imaginación morbosa y los fantasmas de la psique profunda). Despejamos el campo de cualquier equívoco: como dice Agrado al final de su monólogo (al que Almodóvar no quiere unirse muy seriamente: la bandera de la verdad la reserva al personaje más cómico) "Una persona es más auténtica cuanto más se parece a lo que ha soñado de sí misma".

Fabrizio Tassi, «Desiderio di mélo», *Cineforum*, septiembre de 1999, nº 385.

La imitación no es un déficit de la creatividad, sino un tiempo de despertar y de construir. *Todo sobre mi madre,* convocando a Mankiewicz, Cassavetes y Tenessee Williams, sobrepasa además ampliamente el cuadro de las citas y toca el orden de la ingestión y la metamorfosis. En su reciente *Figures IV (Figuras IV)*, Gerard Génette define la transtextualidad como "una forma para un texto [...] por un recurso a las citas explícitas y masivas, de trascender su encierro o su inmanencia". Es de eso de lo que se trata aquí: trascender un cerco juntando todos los textos ya escritos. De la transtextualidad a la transexualidad sólo hay un paso y estas dos prácticas tienen en común el querer absorber los signos de lo que no es propio (el otro texto o el otro sexo).

Jean-Marc Lalanne, *Cahiers du cinéma*, mayo de 1999, nº 535.

Todo sobre mi madre adquiere gradualmente varias direcciones temáticas y nunca pierde la pulsación inicial ni la coherente agrupación de sus elementos constituyentes. La riqueza del filme, y el más completo de Almodóvar para quien esto firma, reside en su facilidad para atrapar la conciencia del espectador en un melodrama puro, vertebrado a su vez en pequeños dramas individuales que dejan siempre un resquicio, pequeño o grande según la cualidad de cada momento, al toque humorístico. Toda la estructura melodramática de la película aparece subrayada, contrapunteada o, incluso, apuntalada sobre detalles cómicos que, más allá de imprimir un cierto sello almodovariano —que ya no necesita—, otorgan una impecable dosis de naturalismo, casi documental, a la historia.

Quim Casas, *Dirigido*, abril de 1999.

El cine de Almodóvar se ha hecho universal gracias a[?] su fuerza local e identitaria, que los teóricos de antes llamaban racial. Mientras muchos de sus colegas jóvenes frecuentan la senda de la comedia o del *thriller*, como género cosmopolita y más bien apátrida, nuestro manchego más universal se ha globalizado a fuerza de ser local [...] Escribo que Almodóvar es local porque ha reelaborado o ha regenerado unas tradiciones culturales que nos vienen de lejos, de la novela picaresca, del sainete madrileño, del costumbrismo y del esperpento valleinclanesco. Y todo ello pasado por el filtro de la cultura urbana y posmoderna.

ROMÁN GUBERN, *Primer plano*, *El mundo*, 28 de marzo de 2000.

Almodóvar nos regala ahora un desatado, brillante, conmovedor y divertido melodrama, seguramente su mejor película, una obra compacta y soberbia [...] Sin sombra alguna que oscurezca su impecable progresión dramática, *Todo sobre mi madre* puede equipararse sin desdoro con los más refinados productos de Douglas Sirk, Vincente Minnelli y Leo Mc Carey.

Jorge de Cominges, *Nuevo Fotogramas*, nº 1.867, mayo de 1999.

En efecto, yo diría que *Todo sobre mi madre* forma una inconsciente trilogía con mis dos películas anteriores: *La flor de mi secreto* y *Carne trémula*. Son películas mucho más sobrias, en cuanto al estilo, el dolor, la soledad, o la incomunicación están presentes en todas ellas. Creo que como director me inclino cada vez más por la transparencia. Pero, en realidad, *Todo sobre mi madre* participa de todo lo que he hecho anteriormente. No sería como es de no haber hecho las doce anteriores.

Pedro Almodóvar, *Boletín 54 de la Academia de las Artes y las Ciencias Cinematográficas de España*, febrero de 2000.

El genio de Almodóvar consiste en otorgar inteligencia y ló-

gica interna a personajes de todo estrato social, cuyas pasiones los llevan a la locura. En *Todo sobre mi madre* presenta personajes que, en una breve descripción, casi parecen cómicos: la monja embarazada (Penélope Cruz), la diva (Marisa Paredes), la prostituta travesti (Antonia San Juan). Sin embargo, cada uno es suficientemente vital y complejo como para convertirse en estrella de su propia película.

Mary Corliss, *Film Comment*, julio y agosto de 1999, nº 35.

Estamos ante una obra compleja y hermosa, llena de misterio y sentimiento, una obra que transmite y conduce al espectador por los derroteros de la emoción. El guión está bien escrito y la narración sólidamente estructurada, si bien el final se resuelve de un modo algo apresurado respecto al clima general del filme. Esto se debe a la propia complejidad espacio-temporal del mismo, con idas, venidas y cambios que lo llevan a situaciones de verdadera profundidad dramática cuya resolución no ha de resultar empresa fácil.

Ignacio Oliva, *Reseña*, nº 305.

Bibliografía

DOLTO, Françoise, *Sexualidad femenina*, Barcelona, Paidós, 1989.

ECO, Umberto (1993), *Lector in fabula*, Barcelona, Lumen.

FREUD, Sigmund (1955), *Mourning and Melancholia*, Standard Edition, vol. 14, Londres, The Hogarth Press.

De referencia

AUMONT, J., MARIE, M. (1988), *L'analyse des films*, París, Nathan (trad. cast.: *Análisis del film*, Barcelona, Paidós, 1989).

BAUDRY, Jean Louis (1975), «Ideological effects of the basic cinematographic apparatus», *Film Quarterly*, vol. 28, n° 2.

BORAU, José Luis (comp.) (1998), *Diccionario del cine español*, Madrid, Alianza.

BURCH, Noël (1970), *Praxis del cine*, Madrid, Fundamentos.

CARMONA, Ramón (1993), *Cómo se comenta un texto fílmico*, Madrid, Cátedra.

CASETTI, Francesco (1993), *Teorías del cine*, Madrid, Cátedra.

COMPANY, Juan Miguel y MARZAL, José Javier (1999), *La mirada cautiva. Formas de ver en el cine contemporáneo*, Generalitat Valenciana, Dirección General de Promoción Cultural y Patrimonio Artístico.

COMPANY, Juan Miguel (1987), *El trazo de la letra en la imagen*, Madrid, Cátedra.

HEATH, Stephen, «The work of Christian Metz», *Screen* vol.14.

KAPLAN, E. Ann (1983), *Las mujeres y el cine, a ambos lados de la cámara*, Madrid, Cátedra.

KRISTEVA, Julia (1980), *Motherhood according to Bellini*, Nueva York, Columbia University Press.

LACAN, Jacques (1970), *The insistence of the letter in the Unconscious*, Nueva York, Anchor Books.

LACAN, Jacques (1968), *The language of the self*, The Johns Hopkins University.

LARRAURI, Maite (1996), *La espiral foucaultiana: del pragmatismo de Foucault al pensamiento de la diferencia sexual*, Valencia, Episteme.

MARTÍNEZ, Isabel (1996), *Subjetividad y género*, Valencia, Episteme,

MARTÍNEZ TORRES, Augusto (1973), *Cine español: años sesenta*, Barcelona, Anagrama.

METZ, Christian (1979), *Psicoanálisis y cine*, Barcelona, Gustavo Gili (Nueva edición: *El significante imaginario*, Barcelona, Paidós, 2001).

MULVEY, Laura (1996), *Placer visual y cine narrativo*, Valencia, Eutopías, Episteme.

PEÑA ARDID, Carmen (1992), *Literatura y cine*, Madrid, Cátedra.

PÉREZ PERUCHA, Julio (comp.) (1997), *Antología crítica del cine español*, Madrid, Cátedra.

PROPP, Vladimir (1987), *Morfología del cuento*, Madrid, Fundamentos.

SAUSSURE, Ferdinand de, *Curso de lingüística general*, Buenos Aires, Losada.

TARNOWSKI, Jean François (1987), *Hitchcock: Frenesí/Psicosis. Elementos básicos para una teoría de la práctica fílmica*, Valencia, Fernando Torres.

ZUNZUNEGUI, Santos (1994), *Paisajes de la forma*, Madrid, Cátedra.

ZUNZUNEGUI, Santos (1999), *El extraño viaje: el celuloide atrapado por la cola o la crítica norteamericana ante el cine español*, Valencia, Episteme.

WELLERSHOFF, Dieter (1976), *Literatura y principio del placer*, Madrid, Guadarrama.

Sobre Pedro Almodóvar y su obra

FANTONI, Maurizio (1993), *Transgressione e hispanidad: il cinema di Pedro Almodóvar*, Florencia, Tarab.

GARCÍA DE LEÓN, Mª Antonia y MALDONADO, Teresa (1988*), Pedro Almodóvar: la otra España cañí*, Ciudad Real, Diputación de Ciudad Real.

HOLGUÍN, Antonio (1999), *Pedro Almodóvar*, Madrid, Cátedra.

MORRIS, B. y VERNON, Kathleen (1995), *Post- Franco, Post-modern: The Films of Pedro Almodóvar*, Connecticut, Greenwood Press.

STRAUSS, Frederic (1995), *Pedro Almodóvar, un cine visceral*, Madrid, El País Aguilar.

VARDERI, Alejandro (1997), *Severo Sarduy y Pedro Almodóvar: del barroco al kitsch en la narrativa y el cine posmoderno*, Michigan, UMI.

VIDAL, Nuria (1988), *El cine de Pedro Almodóvar*, Madrid, ICAA.

YARZA, Alejandro (1997), *Un reciclaje de la historia: camp, monstruos y travestis en el cine de Pedro Almodóvar*, Michigan, UMI.

Artículos y revistas

ALAS, Leopoldo (1999*)*, «Un grado más», *Academia,* n° 26.

CASAS, Quim (1999), *Dirigido,* abril.

CORLISS, Mary (1999), *Film Comment,* n° 35.

DE COMINGES, Jorge (1999), *Nuevo Fotogramas,* 1.867, mayo.

LALANNE, Jean-Marc (1999), *Cahiers du cinéma,* n° 535, mayo.

OLIVA, Ignacio (1999*)*, «La riqueza de los sentimientos», *Reseña,* n° 305.

TASSI, Fabrizio (1999*)*, «Desiderio di mélo», *Cineforum,* n° 385, septiembre.

(1999), *L'Avant-scène cinéma,* 484, julio.

(1999), *Segno Cinema,* 98, julio y agosto.

Entrevista a Almodóvar y artículos, *Boletín de la Academia de las Artes y las Ciencias Cinematográficas de España,* n° 54, febrero.

También publicado por Paidós

VIRIDIANA
VICENTE SÁNCHEZ-BIOSCA

Viridiana (1961) representa el retorno del exiliado Buñuel a España y provocó un escándalo cuando el franquismo aspiraba a una tímida apertura. Tras una apariencia intimista, Buñuel pone en marcha una sátira en la que el realismo de la tradición hispánica se une a una perversión humorística de las claves de la liturgia cristiana.

Vicente Sánchez-Biosca enseña Comunicación Audiovisual en la Universidad de Valencia y ha sido profesor invitado en París, Montreal, La Habana, etc. Director de la revista *Archivos de la Filmoteca*, es autor de libros y artículos sobre cine y televisión, entre ellos *El montaje cinematográfico*, también publicado por Paidós.